스마트폰 없는
똑똑한 육아

스마트폰 없는 똑똑한 육아

초판 1쇄 발행 2018년 4월 20일

지은이 이연주
펴낸이 장길수
펴낸곳 지식과감성#
출판등록 제2012-000081호

디자인 이현
편집 이다래
교정 이주영
마케팅 고은빛

주소 서울시 금천구 가산동 60-5 갑을그레이트밸리 B동 507호
전화 070-4651-3730~4
팩스 070-4325-7006
이메일 ksbookup@naver.com
홈페이지 www.knsbookup.com

ISBN 979-11-6275-103-9(13590)
값 13,000원

ⓒ 이연주 2018 Printed in Korea

잘못된 책은 구입하신 곳에서 바꾸어 드립니다.
이 책의 전부 또는 일부 내용을 재사용하려면 사전에 저작권자와 펴낸곳의 동의를 받아야 합니다.

이 도서의 국립중앙도서관 출판예정도서목록(CIP)은 서지정보유통지원시스템
홈페이지(http://seoji.nl.go.kr)와 국가자료공동목록시스템(http://www.nl.go.kr/kolisnet)에서
이용하실 수 있습니다. (CIP제어번호 : CIP2018011758)

홈페이지 바로가기

스마트폰 없는 똑똑한 육아

아이에게 스마트폰 대신
사랑을 주세요

이연주 지음

4차 산업혁명 시대 아이에게 필요한
창의력, 사고력, 집중력은 모두
스마트폰 **밖**에 있다!

지식과감정

들어가는 말

나는 딸아이의 머리 냄새를 맡으면 말할 수 없는 행복감을 느낀다. 딸의 머리에서는 따스함과 아기에게만 나는 은은한 비누향 같은 냄새가 어우러져 말로 형용할 수 없는 좋은 냄새가 난다. 그래서 하루에도 열두 번 아이의 머리 쓰다듬으면서 킁킁 냄새를 맡으며 나를 충전시킨다. 그런데 일년 전 지금도 내가 제일 싫어하는 일인 식탁 밑에 떨어진 밥풀 줍기를 시작으로, 아이들 옷 빨래하고 개어서 서랍에 넣기, 하루 세 끼 식사와 간식 준비하기, 음식물쓰레기 버리기, 아이들 장난감 정리 등에 지쳐서 어느새 나도 모르게 손에 아이를 보면서 스마트폰을 수시로 들여다보았다. 첫째를 낳으면서 아이 앞에서는 절대 스마트폰을 꺼내지도 않던 때가 있었는데 둘째를 출산하고 나도 모르게 육아에 지쳤는지 스마트폰을 자주 사용하게 된 것이다. 답답하면 스마트폰으로 블로그를 보고, 우울하면 페이스북으로 유명인들의 삶을 엿보고, 세상과 멀어지는 느낌이 들면 카톡으로 친구들과 대화를 나누었다. 아이들이 잠들고 나면 끝이없는 인터넷바다를 헤매기도 했다. 하지만 스마트폰을 사용하면 사용할수록 기분이 좋아지기는커녕 우울감은 더욱 깊어지기만 했다.

얼마전 미국 샌프란시스코 주립대 보건대 연구팀은 "스마트폰 중독이 우울증, 불안감, 충동장애, 외로움의 직접적 원인이 된다"라는 연구결과를 발표하였는데 나는 이 연구결과를 작년에 몸소 체험했다. 힘들고 외로워서 스마트폰을 손에 들게 되니 우울감, 외로움이 한 층 더 깊어지고 불안감, 충동장애까지 내 몸을 파고들어왔다. 그런데 요즘은 이런 스마트폰 중독이 아이들에게서도 나타나고 있어서 큰 문제이다. 육아정책연구소가 2017년 유치원, 초등학생 저학년을 대상으로 조사한 결과 아이들의 평균 스마트폰, 컴퓨터 사용시간은 3시간이며, 어린이의 스마트폰 중독 증가속도는 전 연령대에서 가장 빠르게 나타났다. 폭력적이고, 무기력하고, 배려심 없는 요즘 아이들의 모습에는 태어나면서부터 부모로부터 '스마트폰 이용'이라는 문화가 자리잡고 있는 것이다. 요즘 부모들은 범보의자에 겨우 앉기 시작한 아기에게도 칭얼거리면 스마트폰을 보여주고, 유모차에서 찡찡거리면 스마트폰 거치대로 영상물을 틀어주고, 아이가 카페나 식당에서 가만히 못 앉아있으면 스마트폰을 사용하여 한 자리에 조용히, 말없이, 오래 머물게 한다. 부모와의 대화나 정서적 교감없이 이렇게 스마트폰에 아기 때부터 중독된 아이들은 초등학생이 되어서도, 청소년이 되어서도 스마트폰에서 빠져나오지 못하고 성인이 된다. 일방적으로 강한 자극을 주는 스마트폰에 길들여진 아이들은 어떤 사람으로 성장하게 될지 생각해 본 적이 있는가? 자극이 적은 학교생활은 즐겁지 않을 것이고, 친구들과의 놀이는 시시하다 느낄 것이고, 머리를 써야하는 공부는 더욱더 재미를 느끼지 못할 것이다. 공감능력, 대인관계능력, 학습능력까지 발달시키지 못한 아이들이 어떤 성인이 될지는 굳이 설명하지 않아도 상상할 수 있다. 그러니까 내가 지치고 힘들다는 핑계로 아이에게 스마트폰을 주는 일은 지금 당장 멈추어야 한다. 내 생활이 바쁘고, 육아에 지치는 마음은 누구보다 공감하지만, 그렇다고 아이들에게 스마트폰을 보여줘서 나의 쉴 시간을 만드는 것은 바람직하지 않다. 영유아시기는 신체적, 정서적 발달에 너무나 중요한 시기이다. 그 시간을 일방적이고 강한 자극을 주는 스마트폰에 맡기어서는 안 된다.

나는 다시 스마트폰을 멀리하면서 아이들과의 시간에 집중하며 행복함을 되찾았다. 스마트폰을 사용하지 않고 아이들과 시간을 보내면 중간 중간 스마트폰에 정신을 빼앗길 일이 없어 아이의 모습에 더 집중이 되면서 아이들이 예뻐 보이기 시작한다. 나나 남편이나 빼어난 인물을 가지고 있지 않기 때문에 우리 아이들도 자연스레 평범한 얼굴을 지니고 태어났을 터인데, 내 눈에는 진심으로 우리 애들이 세상에서 제일 예뻐 보인다. 눈은 왜 이렇게 반짝 거리는 것이며, 코는 어찌 그래 사랑스럽게 동그랗게 생겼는지, 머리카락은 어쩜 그렇게 부드럽고 예쁜 갈색 빛을 가지고 있는지 아이의 요소 하나하나가 다 사랑스럽다. 내가 하도 예쁘다고 말을 많이하니까 이제 말을 막 시작한 딸은 내 얼굴을 요리조리 만지면서

"엄마는 얼굴이 동그랗고, 머리카락이 부드럽고, 코가 오똑하고, 눈에는 별이 있어."

라고 말한다. 누가 들으면 내가 김태희라고 생각할 것 같아 부끄럽지만 딸은 오늘 아침에도 나에게 이렇게 말해주었다. 아이에게 집중하면 집중할수록 즐거운 게 육아다. 일도 집중하면 잘 되는 것처럼 육아도 스마트폰의 방해를 받지 않고 집중해서 하면 훨씬 행복하다.

스마트폰을 사용하지 않고 두 아이를 키우고 있는 나의 이야기와 함

께 스마트폰을 사용하는 것이 왜 좋지 않은지에 대해서 논문과 기사를 인용하여 설명하였다. 나라는 사람은 워낙에 실력이 부족하여 논문을 하나 읽는 데 3일이 걸리고, 원하는 자료를 찾는 데 일주일이 걸리기도 하였지만 그래도 한 번 써보고 싶었다. 부모의 스마트폰 사용이 어떻게 부모 자신에게 영향을 끼치는지, 그것이 또 어떻게 아이들에게 영향을 미치는지, 어린 아이들에게 스마트폰을 사용하게 되면 어디가 어떻게 좋지 않은지를 피부에 와 닿게 아이를 가진 부모에게 알려주고 싶었다. 이 책을 통해서 스마트폰이 없어도 스스로 잘 놀도록 설계되어 있는 아이들에게 부모가 스마트폰을 내미는 일을 멈추게 하고 싶다. 어디를 가든 아이와 부모가 함께 웃는 소리로 가득한 나라, 스마트폰 사용시간이 낮아지고 행복지수는 높아지는 나라를 꿈꿔본다.

이 책의 목차

PART 1. 스마트폰 없이, 똑똑한 우리 아이 키우기

Chapter 1 　어른과의 대화로 세상을 배우는 아이 12
Chapter 2 　스마트폰 대신 책을 쥐어 주자 24
Chapter 3 　스마트폰이 없어야 창의력이 생긴다 41
Chapter 4 　공부에 집중하지 못하는 아이 57
Chapter 5 　우리 아이도 설마 5초 인내심? 72

PART 2. 스마트폰 없이, 행복한 우리 아이 키우기

Chapter 1 　스마트폰 없이 아이와 함께 행복해지는 법 92
Chapter 2 　외로움에 익숙해지는 아이들 112
Chapter 3 　얼굴보다 마음이 예쁜 아이로 127
Chapter 4 　대인관계에 서툰 아이들 142
Chapter 5 　남에게 상처 주지 않는 아이로 키우기 159

PART 3. 스마트폰 없이, 건강한 우리 아이 키우기

Chapter 1 　스마트폰 때문에 안경 쓰는 유치원생들 170
Chapter 2 　스마트폰이 변기보다 더럽다고? 187
Chapter 3 　전자파가 우리 아이 뇌를 망친다 196
Chapter 4 　길에서도 스마트폰만 보며 걷는 아이 212

Bonus Chapter 　밖에서 아이들과 스마트폰 없이 즐겁게 노는 법 226
Final Chapter 　"부모가 문제이고, 부모가 답이다" 238

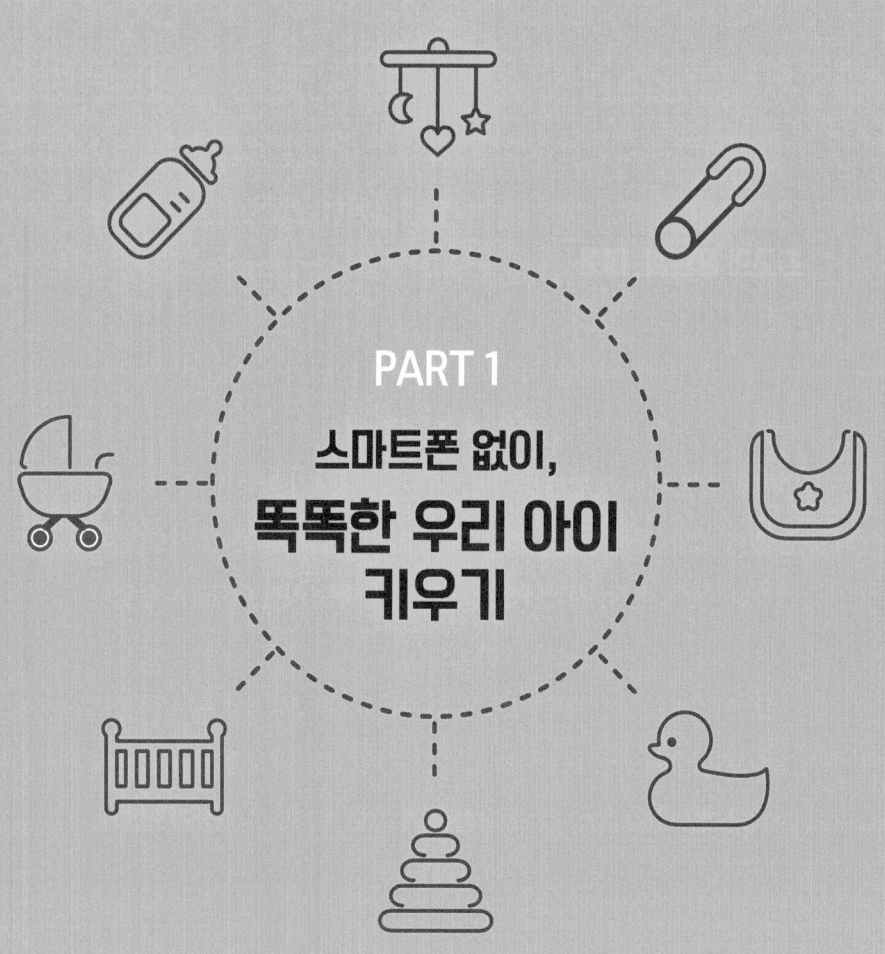

PART 1

스마트폰 없이,
똑똑한 우리 아이 키우기

Chapter 1
어른과의 대화로 세상을 배우는 아이

최고의 장난감, 대화

　우리 아이들은 외출을 사랑하는 엄마 덕분에 아주 어린 시절부터 지금까지 카페와 음식점을 매우 자주 간다. 그리고 아이들은 스마트폰이 없어도 엄마 아빠와 함께 즐거운 이야기를 나누기 때문에 한 자리에 꽤 잘 앉아 있다. 주말에 동네 카페에 가면 아이 둘과 기본 한 시간은 폭풍 대화를 나누고 온다. 지난 주말 카페에 갔을 때는 이런 대화를 나누었다.

　"저 아저씨는 지금 컴퓨터로 일을 하는가 봐. 그 옆에 누나는 친구랑 재미있게 전화로 통화를 하고 있네. 무슨 통화를 하길래 저렇게 재미있게 웃을까? 너도 할머니랑 통화하면 저렇게 행복한 표정을 지으면서 통화하는데, 너 몰랐지? 저기 저 자리는 해가 들어서 사람들이 앉기 싫은가 보다. 아까부터 계속 비어 있고 아무도 앉지를 않네. 해는 참 따뜻하기도 하고 눈부시기도 하고. 하하하. 이 카페 할머니 동네에서도 본 적 있지? 프랜차이즈야. 가맹비를 내면 동일한 인테리어와 브랜드명을 사용할 수 있어."

한마디로 별 내용이 없는 대화다. 하지만 이렇게 이야기를 하다 보면 이야기는 끝이 없다. '애인이 뭐냐, 프랜차이즈가 뭐냐, 가맹비가 뭐냐'라는 질문이 이어지고 그 대답이 또 꼬리에 꼬리를 물기 때문이다. 아직 말을 잘 못하는 딸도 주변 사물을 쉽고 재미있게 설명해 주면 눈을 반짝거리면서 듣는다. 나는 딸에게 더 이상 할 말이 생각나지 않으면 네가 얼마나 예쁜지에 대해서 동물이나 사물에 빗대어서 이야기하는데 그럴 때면 세상에서 제일 행복한 얼굴로 웃는다.

그런데 요즘 사람들은 아무것도 해보지 않고 자꾸만 스마트폰을 아이들에게 내어 준다. 우리 아이는 음식점에서 가만히 잘 앉아 있지 못한다며 폰으로 무언가를 자꾸 보여 준다. 노력을 해보지도 않고서 아이들이 외출하면 가만히 있지 못한다는 잘못된 믿음을 갖지 말기 바란다. 우리 아이들도 누가 옆에서 동영상을 보여 주면 넋을 놓고 본다. 화려한 화면에 넋을 잃지 않을 아이가 과연 있을까? 아이들에게 스마트폰의 맛보다 대화의 즐거움을 먼저 알게 해 주자. 나는 감자 반찬 하나를 놓고도 아이들에게 말한다.

"이 감자로 만든 음식 되게 맛있다. 엄마도 처음 먹어 봐. 여기 식당 사장님 음식 정말 잘 만드신다. 너도 이거 먹어 봐. 짭조름하면서도 뭔가 달콤해. 다 먹으면 저기 가서 지성이가 사장님 맛있어요. 더 주세요! 그래야겠다. 하하하!"

음식에 대해서 좀알거리면 아이들은 집중해서 듣는다. 안 듣는 것 같아도 이렇게 말을 할 때면 다른 것을 하지 않고 잘 듣는다. 엄마 아빠가 밥을 먹으면서도 이렇게 이야기를 조금씩 하면 아이들은 생각보다 잘 앉아 있다. 이것저것 먹으면서 엄마 아빠랑 이야기하는데 심심할 틈이 있겠는가. 평소 안 쓰던 단어를 사용해서 아이의 어휘력이 풍부해지는 것은 덤이다. 우리 아들은 또래에 비해서 말을 굉장히 잘한다. 어디를 가든 아들과 정말 많은 대화를 나누었고 지금도 나누고 있기 때문이다. 스마트폰이 아닌 어른과 대화를 나누면 아이들은 더 잘 성장한다.

칼비테와 심리학자가 말하는 어른과의 대화

칼비테의 자녀 교육법을 다룬 책은 오래전부터 육아서의 고전으로 꼽히고 있다. 나 역시도 첫째를 가졌을 때 칼비테의 책을 접하였었다. 뇌리에 박혀 아직까지 기억하고 있는 것은 '각 분야의 전문가와 학자를 찾아가거나 초대하여 대화를 하게 하였다'라는 내용이다. 하지만 우리는 보통 엄마나 아빠의 손님이 오면 아이들에게 이렇게 말한다.

"어른들끼리 이야기해야 하니까 아이들은 저쪽에 가서 놀아."

혹은 과자와 초콜릿을 잔뜩 꺼내 주면서 저쪽 가서 먹으라고 말하며 아이를 멀리 내쫓는다. 같이 놀 친구가 없는 경우에는 재빨리 주머니에서 스마트폰을 꺼내 주면서 혼자 조용히 시간을 보낼 수 있도록 조치를 취한다. 그래야 즐겁게 어른들끼리 대화를 나눌 수 있다고 생각하기 때문이다. 그런데 칼 비테는 일부러 아이가 어른과 대화하는 자리를 만들었고, 그런 자리를 통해서 칼 비테는 평소에 배우지 못하는 많은 것을 배울 수 있었다고 강조한다. 칼 비테의 아버지처럼 각 분야의 전문가를 찾아 나설 열정과 체력이 없는 사람이라면 다음의 말에 귀 기울이자.

"아이들을 어른의 대화에 참여시키는 것은 굉장히 이상적이다. 아이들은 단순히 어른들의 이야기를 듣기만 해도 많은 것을 배울 수 있다."

미국의 유명 심리학자이자 Fundamentally Children의 대표인 아만다 구머의 말이다. 그는 아이의 발달과, 애착 형성, 대인관계 형성을 위해서 가장 좋은 방법은 대화라고 하였다.

그리고 아이들이 자신도 함께 대화에 참여하고 있다고 느끼면 나중에 이해하지 못하는 부분이 나와도 크게 화를 내거나 소외감을 느끼지 않는다고 이야기한다.

다양한 이야깃거리에 굶주린 아이들에게 매일 똑같은 말만 하고 있지 않은지 반성해 볼 일이다.

"오늘 어린이집에서 점심 뭐 먹었어?"
"친구들하고 재미있게 놀았어?"

"오늘 체육 수업은 어땠어?"

물론 이런 대화도 굉장히 좋은 대화이고 기본적으로 필요한 대화이다. 하지만 이게 대화의 전부라면 아이들도 표현은 못 해도 지루하고 재미를 느끼지 못할 것이다. 호기심을 가질 만한 새로운 것을 발견하지 못할 것이다. 그러니 아이들을 어른의 대화에 참여시켜라. 어른들끼리 대화해야 한다고 아이들에게 스마트폰을 쥐어 주지 말고, 함께 대화를 나누어라. 아이는 생각보다 다양한 것을 이해할 수 있는 능력이 있다. 어른과의 대화에 참여시키다 보면, 아이는 사탕을 먹는 것보다 어른과의 대화에서 분명 더 큰 재미를 느낄 것이다.

뇌 형성 시기에는 스마트폰이 아닌 부모와의 대화

뇌 과학자에 의하면 성인의 뇌 무게에 비하여 아이의 뇌는 출생 시 25% 정도이고, 만 1세가 되면 65%가 만들어지며, 만 3세가 되면 약 80%, 만 5세가 되면 약 90% 정도가 완성이 된다고 한다. 그러니까 약 2천억 개의 뇌신경세포가 출생 후 3년 동안 아주 열심히 아주 활발하게 만들어진다. 그런데 이러한 황금시기에 아이를 강한 자극과 일방적인 자극만 존재하는 스마트폰에 노출을 시킨다는 것은 아이의 뇌에 너무 미안한 일이 아닐 수 없다. 특히, 기억을 관장하고, 판단하고 인지실행기능을 담당하는 대뇌가 초기 3년에 거의 다 발달한다고 하니 만 3세도 안 된 아이에게 스마트폰을 내어 주는 행위는 하지 말자. 아이를 누구보다 현명하고, 바른 판단을 할 수 있는 사람으로 키우고 싶은 부모라면 아이가 스마트폰이 아닌 부모와 대화를 하는 아이로 키워야 한다.

아이와 함께 이야기를 한다는 것이 쉽지 않은 일이라는 것은 현재 아이를 키우고 있는 나로서는 너무나 잘 이해가 가는 부분이다. 하지만 이것을 이유로 아이에게 스마트폰을 줄 수는 없다. 스마트폰 어플 중에 교육적인 것이 많아서 긍정적으로 보는 사람을 종종 보는데, 부모가 적극적으로 함께 참여하지 않는 스마트폰으로 활동은 어린아이에게는 뇌에 자극이 주어지지 않는 단순 무의미한 활동이다. 또한, 동영상으로 아무리 좋은 자료를 보여 주어도, 부모가 직접 이야기하는 것만큼 두뇌에 자극이 되지 않는다.

초기 3년은 아이의 뇌가 기하급수적으로 발달하는 시기여서, 대다수의 전문가들은 만 3세부터 디지털 기기를 사용할 수 있다고 말한다. 하지만 이는 절대 권장사항이 아니고 사용 가능한 시기라는 점을 꼭 기억하자. 이 나이도 가능하다면 사용하지 않는 것이 가장 좋다. 최대한 디지털 기기의 사용은 늦추는 것이 가장 좋다. 모든 기본 정서와 두뇌가 발달하는 영유아에게는 부모와 대화로 세상을 배워 나가는 것이 제일 바람직하다.

미국 보스턴 의대 연구진에 따르면 스마트폰이 우는 아이를 그치게 하거나, 시끄러운 아이를 조용하게 만드는 것은 일시적으로 아이의 감정을 바꾸는 것에 불과한 것이며, 이것이 스스로 감정을 제어하는 능력을 키우는 데에는 오히려 해가 된다고 보고서를 통해 발표하였다. 아이가 무언가에 불만이 생겨서 혹은 불편함을 느껴서 울 때는 부모가 대화와 스킨십을 통해 그 마음을 달래 주고 해소시켜 주어야 한다. 그래야 아이는 자연스럽게 자신의 감정을 표현하는 법과 그것을 달래는 법, 즉 감정을 제어하는 법에 대해서 보고 배울 수 있다. 그런데 원인은 무엇인지 파악하지도 않고 운다고 무작정 스마트폰을 주게 되면 아이는 무엇을 배우겠는가.

국내 및 해외의 영유아 스마트폰에 대한 움직임

일본에서는 '스마트폰 육아 자제' 캠페인이 진행되었다. 2013년 12월에 시작된 이 캠페인의 중심에는 일본 소아과 의사회가 있다. 아이의 울음을 그치게 하기 위해 스마트폰을 보여 주거나, 아이가 혼자 스마트폰을 가지고 놀게 하는 것, 유모차를 밀면서 스마트폰을 보는 행동의 자제를 요구하는 캠페인이다. 소아과 의사회에서 말하는 요점은 '아이와 애착관계를 형성하며 아이를 건강하게 키우는 것은 부모의 기본적 역할이며, IT가 아무리 발달하더라도 그 사실에는 변함이 없다'는 것이다. 영유아에게 스마트폰으로 동영상을 보여 주고, 게임을 하게 하는 것은 부모와 아이의 커뮤니케이션을 방해하고 아이의 정서발달에 해가 된다는 연구를 아무리 발표해도 젊은 세대의 자녀에 대한 스마트폰 사용률이 증가하자, 일본 소아과 의사회가 들고 일어선 것이다.

이웃나라 타이완에서도 스마트폰을 영유아에게 너무 많이 사용하는 것이 사회적으로 큰 이슈가 되었다. 전 세계에서 미디어와 인터넷의 중독성, 악영향에 대해서 말하는 연구 결과를 계속 발표하고 있는데도 타이완의 젊은 엄마들이 어린 자녀들에게 스마트폰을 보여 주자, 타이완에서는 의회가 나서서 '아동과 청소년 보호법'에 새로운 조항을 만든 것이다. "만 2세 미만의 아이에게는 스마트 기기 사용을 금지한다"고 법으로 못 박고, 이를 어기는 부모에게는 175만 원의 벌금을 물리기로 했으며, 이와 더불어 2세~18세 어린이 청소년도 1회 사용을 30분으로 제한하는 조항도 함께 만들었다. 이렇게 법으로 스마트폰을 영유아에게 사용하지 못하게 할 정도로 '영유아의 스마트폰 사용'이 굉장히 위험하다는 것을 우리나라 부모도 인지해야 한다.

아이가 울거나 떼를 부리거나 큰 소리를 낼 때에는 그 감정을 읽어 주자. 대화로 아이의 마음을 풀어 주고, 대화로 아이에게 즐거움을 주자. 스마트폰은 더 이상 아이들의 감정을 제어하는 데 쓰여서는 안 된다.

아이의 뇌가 형성되고 습관이 형성되는 만 3년 동안 아이와 풍부한 주제로 대화를 한다면, 그 후로는 아이 스스로 세상에 호기심을 가지며 성장해 나갈 것이다. 딱 3년이다. 내가 낳은 아이를 위해서 수억 원 들여서 유학을 보내자는 거대한 것을 이야기하고 있는 게 아니라 3년 동안 아이와 다양한 주제로 대화를 나누라는 아주 단순한 이야기이다. 무슨 말을 나누어야 할지 모르겠다면 신문기사 1면을 참고하거나 엄마 혹은 친구와 방금 카톡으로 나눈 이야기라도 전해라. 다음은 어제 친구와 카톡을 한 후 지성이와 저녁에 나눈 대화이다.

"지성아, 오늘 엄마 친구가 회사에서 승진했대. 대리라는 직급에서 과장이라는 직급으로 올라간 거야. 정말 멋지지? 연봉도 더 올라가고 무엇보다 내가 회사에서 인정받았구나 라는 뿌듯함에 너무 기분이 좋다고 하네. 그래서 엄마가 축하한다고 커피 선물을 하나 보냈어. 엄마도 축하할 일이 있으니까 기분이 덩달아 좋다."

아이에게 맞추어 하는 대화가 아니라서 이런 대화는 어른인 나도 재미있다. 오늘부터 아이에게 작은 이야기라도 좋으니 나의 주변 이야기로 대화를 시도해 보자.

스마트폰 사용을 자제하자는 운동에 앞장서고 있는 권장희 놀이미디어센터 소장의 말로 이 단락을 마무리한다.

> "아이의 뇌는 3세 정도가 되면 대뇌피질이 발달돼
> 변연계를 통제하기 시작한다.
> 만약 이 시기 대뇌피질이 잘 발달되지 않으면
> 충동을 억제하지 못하고 감정 등을 조절하지 못하는
> 문제가 발생하게 된다.
> 어린아이에게 스마트폰을 쥐어 준다면
> 아이는 때때로 인간답지 않은 짐승 같은 인간이 될 수 있다."

Smart Solution - 이렇게 해보세요!

부모와 아이 사이에 대화가 풍부해지면 스마트폰이 끼어들 틈이 줄어들게 되어 있다. 아이들이 스마트폰에 빠지는 가장 큰 이유는 쉽고 재미있기 때문이다. 하지만 부모가 아이와 쉽고 재미있는 대화를 나눌 수 있다면 스마트폰 역할은 줄어들 것이다. 부모와의 대화, 어른과의 대화는 아이에게 지적 자극이자 큰 성장의 발판이 된다. 아이들과 어떻게 하면 더 많은 대화를 나눌 수 있는지 알아보자.

첫째, 나의 어릴 적 이야기 들려주기

아이와 일상대화 외에 다른 할 말을 찾지 못하겠다면, 아이에게 나의 어릴 적 이야기를 들려줘라. 나도 재미있고 아이도 재미있게 들을 것이다. '엄마가 너처럼 네 살일 때에는 피아노 학원 다니고 싶다고 맨날 울었대. 네 살은 너무 어려서 피아노 학원 원장님이 안 받아 준다고 하는데도 가고 싶다고 난리도 아니었대.' 그냥 시시콜콜 생각나는 대로 나의 어릴 적 이야기를 들려주면 아이들은 백설공주 이야기보다 더 흥미를 가지고 듣는다.

둘째, 엄마 아빠의 이야기 공유하기

엄마 아빠가 둘이서 속닥속닥 이야기하면 아이들은 항상 궁금해한다.

"무슨 이야기해요?" 내가 남편과 이야기하고 있을 때 아들이 이렇게 물어보면 아들이 이해할 수 있게 최대한 쉽게 설명해 준다. 개가 목줄을 하지 않아 사람을 물어 죽인 이야기, 임신한 친구가 갑자기 일본으로 발령이 났는데 방사능 때문에 엄청난 고민에 쌓인 이야기 등, 친구에게 이야기하듯 말을 하면 호기심 많은 어린아이들은 귀를 쫑긋하고 들을 것이다. 최대한 아이가 알아듣기 쉽게 설명할 것!

셋째, 칼비테 흉내 내기

사업가 혹은 직장인 친구가 놀러오면 친구가 하는 일에 대해서 아이가 이해할 수 있게, 최대한 재미있게 설명해 주어라. 세계의 모든 교육자와 부모가 열광하는 자녀교육서의 저자 칼비테는 각 분야의 전문가를 집으로 초대하여 아들과 대화를 나누는 자리를 마련하였지만 각 분야의 전문가를 모셔 왔지만 그런 에너지와 인맥이 대부분의 사람에게는 부족하다. 그러니 누가 놀러오면 기회를 놓치지 말고 아이에게 지인이 어떤 일을 하는지 알려 줘라. 아이가 궁금해서 질문을 던지면 반드시 친절하게 계속 대답해 주어야 한다. 은행에 들르거나, 관리사무소에 가거나, 구청, 부동산 등에 볼 일이 있을 때에도 다양한 사람들이 어떻게 일을 하는지 설명해 주면 좋다.

key point!

* 아이와 일상대화 외에 다른 할 말을 찾지 못하겠다면, 아이에게 나의 어릴 적 이야기를 들려주자. 아이들은 백설공주 이야기보다 더 흥미를 가지고 듣는다.

* 부부끼리 이야기하고 있을 때 아이가 궁금해하면 쉽게 풀어서 말해 주자. 현재 우리의 고민, 세상을 들썩이는 뉴스 등을 들려주면 아이는 눈을 반짝거리며 흥미로워할 것이다.

* 칼비테 흉내를 내보자. 사업가 혹은 직장인 친구가 놀러오면 친구가 하는 일에 대해서 아이가 이해할 수 있게, 최대한 재미있게 설명해 주자.

Chapter 2

스마트폰 대신 책을 쥐어 주자

책으로 채우는 이야기에 대한 아이들의 욕구

첫째가 18개월이 조금 넘었을 때 둘째가 태어났다. 밤이 되면 둘째는 한두 시간마다 깨어 젖을 달라고 하여 숙면을 취할 수 없었던 터라 나는 종일 비몽사몽이었다. 하지만 내 상태가 아무리 헤롱헤롱 해도 우리 아들을 반듯하게 사랑 가득한 아이로 키우고 싶은 마음은 한 번도 흔들린 적이 없다.

이 시기는 엄마의 몸이 극도로 피곤하기 때문에 아이에게 스마트폰을 쥐어 주고 싶은 유혹이 가장 강하다. 그래서 많은 엄마들이 아이를 TV와 스마트폰으로부터 잘 막아 내다가도 둘째가 태어나면서 모든 것을 포기하고 첫째에게 TV와 스마트폰 동영상을 많이 보여 준다.

하지만 나는 절대 첫째 아이에게 스마트폰을 주지 않았다. 아이 앞에서 아예 폰을 꺼내지도 않았다. 졸리고 피곤해 쓰러질 것 같아도 첫째가 나에게 와서 놀아 달라고 하면 매우 재미있는 책을 큰 소리로 읽어 주거나 노래를 율동과 함께 불러 주었다.

아이가 좋아하는 책을 읽어야 밖으로 나가자고 하거나, 몸으로 놀아 달라고 떼쓰지 않기 때문에 밤에 첫째가 잘 때 동화책을 여러 권 읽으면서 관심 가질 만한 책을 미리 꺼내어 아이 손이 닿을 수 있는 가까운 곳에 놓아두었다. 뭘 그렇게까지 노력하느냐고 말할 수도 있지만 반짝거리는 아기의 눈에는 일방적이고 전자파가 나오는 스마트폰보다 사랑이 담긴 엄마 목소리가 더 잘 어울리기 때문이다.

이제 책의 즐거움을 알게 된 아이들은 나에게 "맛있는 거 주세요" 다음으로 "책 읽어 주세요"라는 말을 제일 많이 한다.

스마트폰을 보여 주고 싶을 때마다 스마트폰 대신 책을 들고 아이를 무릎에 앉혀라. 남편은 아이가 무릎 위에 앉아 있을 때의 느낌이 너무 좋아서 책을 정말 열심히 읽어 준다. 아이를 무릎에 앉힐 방법은 책밖에 없기 때문이다. 스마트폰 영상 대신 엄마 아빠의 목소리와 사랑을 접하게 해라. 책의 즐거움을 알게 되면 아이는 청소년이 되어서도 스스로 책을 통해 지식을 탐구하고, 궁금한 것을 해결해 나갈 것이다. 어려서부터 스마트폰의 즐거움을 알게 되면 아이는 청소년이 되어서도 매일 스마트폰에 빠져서 스마트폰으로 숙제를 하고, 오락을 하며 시간을 보낼 것이다. 마이크로소프트 창립자인 빌 게이츠의 아버지가 쓴 《게이츠가 게이츠에게》를 보면 이런 말이 나온다.

"아들 게이츠가 TV를 보지 않도록 하고,
책 읽는 시간을 늘려 스스로 생각하는 법을 기르게 하려고 애썼다."

아침에 눈을 떠서 저녁에 잠들기까지 책을 항상 가까이하는 아이들

아이들은 우리가 친구들을 만나고 뉴스 기사를 보면서 세상 이야기를 알고 싶어 하는 것처럼 일상을 벗어난 재미있는 이야기를 듣고 싶어 한다. 나의 과장되고 웃긴 얼굴 표정을 보고 박장대소를 하는 모습만 보아도 아이들은 '사실적이지 않은 과장된 이야기'에 흥미를 느끼는 것이 분명하다. 아이들의 반복되는 일상 속에 '책 속 이야기'가 비타민 같은 역할을 하는 것이다. 사람은 누구나 '스토리'에 호기심을 느끼는 존재이기 때문이다. 그래서 우리 아이들은 장난감을 가지고 놀다가도 책을 보고, 부엌놀이를 하다가도 내게 와서 책을 읽어 달라고 하고, 마트놀이를 하다가 또 갑자기 책을 보고, 집에 있는 미끄럼틀을 타고 또 다시 와서 책을 보곤 한다.

이야기에 대한 호기심, 일상에서 잘 일어나지 않는 재미난 이야기에 대한 욕구를 '스마트폰 동영상'으로 해소하지 말자. 이야기를 향한 아이들의 순수한 열정을 '스마트폰'으로 채우기 시작하면 아이들은 자극이 많은 스마트폰에 익숙해질 것이고, 자연스럽게 책을 등한시하게 될 것이다. '책 속 이야기'로 아이의 열망을 채워 주고 마음을 즐겁게 해주자. 스마트폰을 전혀 사용하지 않는 우리 아들은 오늘 아침에 내가 늦게 일어나서 아침을 준비하고 있으니 내 옆에 와서 사랑스럽게 징징댄다. 이런 징징은 언제든지 환영이다.

"엄마, 일 그만하고 빨리 우물우물 임금님 책 읽어 주세요!"

수능 만점자가 밝힌 만점 비결

2017년 수능은 유별나게 어려웠음에도 불구하고 만점자가 3명이 나왔는데 바로 김재경 양과 이영래 군 그리고 김모 씨였다. 어려웠던 수능이었던 만큼 이들의 만점은 더욱 화제가 되어서 그들의 공부비법을 밝히기 위한 인터뷰가 쏟아져 나왔었다. 그들의 만점 비법을 알고 싶은가?

그들은 고등학교 시절 내내 휴대폰을 사용하지 않았다고 한다. 이영래 군 같은 경우에는 검색이 필요할 때에만 전화기능이 없는 공기계를 가지고 와서 간단히 인터넷만 사용한 정도가 전부라고 하였고, 김재경 양은 휴대폰을 전혀 사용하지 않았다. 이들은 휴대폰이 얼마나 학습에 방해가 되는지를 알고 있기 때문에 휴대폰을 아예 구입하지 않은 것이다. 그러니 '엄마, 진짜 공부 열심히 할 테니까 스마트폰 사주세요'라는 말에 넘어가지 말자. 진짜 공부를 열심히 하려면 스마트폰이 없어야 한다.

이영래 군은 서너 살부터 엄마와 함께 도서관에 가서 책을 자주 읽었으며, 《삼국지》, 《수호지》, 《초한지》는 중학교 때부터 계속 반복해서 읽었다고 한다. 고교 3년간 읽은 책만 해도 150권이 넘는데, 《태백산맥》, 《아리랑》, 《한강》, 《토지》 같은 대하소설을 즐겨 읽었다고 한다. 수능 만점 후 이군은 토론회에 참여하여 독서에 대해서 이야기하였는데, 객석에 앉아 있던 학생이 책에 대해 질문했다.

"저는 공부를 하다 보면 책을 읽을 시간이 없어요. 어떻게 시간을 내셨어요?"

"저도 책을 읽을 시간이 나서 책을 읽은 게 아니라
일부러 시간을 내어서 책을 읽었습니다."

김재경 양은 고전의 중요성에 대해서 여러 번 언급했다. 고전을 읽다 보면 독해력이 높아져서 문제 푸는 데 굉장히 유리하다는 것이다. 실제로 김재경 양은 고등학교 시절 고전소설을 읽고 토론하는 동아리 활동에도 활발하게 참여하였다. 그리고 다양한 분야의 책을 읽으면서 배경지식을 쌓은 것도 공부에 도움이 되었으며 특히, 국어, 영어를 공부할 때 지문에 나온 책을 찾아서 읽은 경우도 많았다고 밝혔다.

독서왕인 텝스 만점자, 토플 만점자

중학교 1학년이 토플시험에서 만점을 받았다고? 정말 귀신이 곡할 노릇이다. 어른도 유학을 준비할 때 토플 때문에 일 년 넘게 준비하면서도 고득점을 못 받아서 끙끙대는 게 토플인데, 13살이 만점이라니! 13살의 토플 만점 소식에 놀란 것은 나뿐만이 아니었다. 이 소녀의 기사가 세상에 나온 날 만나는 친구들마다, 중1의 토플 만점 소식을 이야기하고, 처음 만난 편의점 사장님도 초콜릿을 계산하면서 '중1이 토플 만점 받은 뉴스를 봤냐'고 말했다. 주인공 성휘연 양은 외국 생활 경험도 전혀 없고, 사교육을 받은 적도 없다고 하여 더욱 많은 사람을 놀라게 했다. 성휘연 양의 어머니는 한 언론사와의 인터뷰에서 이렇게 말했다.

"우리 딸아이는 영어 과외 한 번 받아 본 적이 없습니다.
책을 엄청 읽는다는 것 말고는 만점 비결을 설명할 방법이 없네요."

성휘연 양이 실제로 밝힌 만점 비법도 비슷했다. "저는 책이 마약 같아요. 항상 가방에 책을 넣어 다니면서 화장실에서도 자기 전에도 책을 읽어요." 여기에는 엄마의 노력도 숨어 있었다. 엄마는 딸이 책을 가까이할 수 있도록 아기 때부터 동화책을 많이 읽어 주었다고 한다.

이번에는 텝스 만점자 이야기를 들어 보자. 텝스는 읽기·듣기·어휘·문법으로 200개의 문항으로 구성되어 있는 꽤 난이도가 높은 영어

능력시험이다. 영어를 잘한다고 하는 사람도 900점을 넘기기 힘든 시험이다. 그런데 사상 첫 만점자가 나왔다. 만점의 주인공은 고등학교 2학년 전하영 양이다. 그녀의 만점 소식은 연일 방송에 보도되면서 당시 상당한 이슈가 되었다. 그녀의 만점 배경에는 초등학교 1학년 때 미국으로 건너가 8년간 거주한 것도 있겠지만, 그녀의 엄마가 밝힌 만점 비법은 역시나 독서였다. 그녀는 주말이면 아침 9시부터 밤 9시까지 도서관에서 책을 읽는 독서광이라는 것이다. 최근에는 《해리 포터》 시리즈를 20번 넘게 읽었고, 힐러리 클린턴의 《살아 있는 역사》는 5번 넘게 읽었다고 한다.

스마트폰 - 책을 안 읽는 이유 1위

이 세상에는 '사람은 누구나 언젠가 죽는다'와 같이 누구나 동의하는 불변의 진리가 몇 가지 있다. 그중 하나가 바로 '책을 읽는 아이가 공부를 잘한다'일 것이다. 앞에서도 수능 만점자와 영어시험 만점자의 공통점이 '독서'임을 확인하였다. 가끔 예외적으로 책을 가까이하지 않는 아이 중에서 암기능력이 뛰어나서 공부를 잘하는 경우도 있지만, 소수에 불과할 뿐이며 이들은 공부를 잘해도 그냥 잘하는 수준에 머물 뿐 전국구 수준에서 뛰어나다고 말할 정도로 빼어난 경우는 잘 없다. 보통 책을 많이 읽는 친구들이 자연스레 지식이 풍부하여 어느 분야에서든 뛰어난 성과를 보인다.

요즘 학생들이 책을 읽지 않는다고 걱정하는 목소리가 높다. 그런데 자세히 살펴보면 성인들의 독서량이 역시 부족하다. 문화체육관광부는 2년에 한 번씩 '국민독서실태'를 조사한다. 2015년 우리나라 성인은 일년에 평균 9.1권의 책을 읽었다. 정말 처참한 숫자가 아닐 수 없다. 국민 전체의 월평균 독서량 0.8권, 이것이 독서량 세계 166위인 대한민국의 독서 수준이다. 독서 시간도 굉장히 짧다. 평일이 22.8분, 주말이 25.3분이다. 매일 3시간가량 스마트폰을 하는 것과는 매우 대조적이다. 평일, 주말을 떠나서 거의 책을 읽지 않는다고 해석해도 될 듯하다. 이렇게 독서를 하지 않는 아이들의 배경에는 독서를 하지 않는 부모가 자리 잡고 있다.

그러면 학생들은 어떨까? 경기도 교육청이 실시한 '2016 독서교육 실태조사' 결과에 따르면 학생 응답자 중 59.1%가 '책을 잘 읽지 않는다'라고 답했다. 중요한 것은 학생들이 직접 답한 책을 읽지 않는 이유 1위가 스마트폰이었다는 사실이다. 스마트폰으로 시간을 보내면 시간이 잘 가는데 책을 손에 잡을 이유가 없다는 것이다. 육아전문가들은 항상 말한다.

> "아이를 심심하게 해야 아이가 창의적인 생각도 하고,
> 책도 들여다본다."

스마트폰이 생기면 심심함 자체가 없어지므로 아이의 생각은 '시간이 생기면=스마트폰'으로 연결된다. '시간이 생기면=뭐하지?'로 생각의 고

리를 바꾸어 주어야 한다. 스마트폰을 경험하게 해주는 순간, 아이의 사고는 '시간이 생기면=스마트폰'이라는 세상에서 가장 끊기 힘든 고리로 빠져 버린다. 아이들에게 되도록 늦게 스마트폰을 경험시켜야 하는 이유다. 반면에 책을 읽는 아이들에게 책을 읽는 이유를 물어보았을 때에는 '즐거워서'라고 답한 아이들이 가장 많았다. 누가 시켜서 수동적으로 책을 읽게 하는 것은 정말 어려운 일이다. 아이들이 스스로 책을 읽는 즐거움을 알 수 있도록 스마트폰을 아이의 생활환경에서 밀어내는 것, 앞장서서 독서로 즐거움을 얻는 모습을 보여 주는 것은 부모가 줄 수 있는 큰 선물이다.

책 읽을 시간이 없다고?

내가 다음에 하는 질문에 당신이 YES라고 자신 있게 답할 수 있다면, 책을 읽을 시간이 없다고 인정하겠다. 하지만 YES라고 대답할 수 없다면 핑계를 대지 말고 짬이 날 때마다 책을 보자.

"빌 게이츠는 3명의 자녀를 키우면서, MS를 설립하고 대표로서 성공적으로 운영하였다. 자녀를 모두 건강하게 현명하게 키웠으며, MS는 세계 최고의 회사가 되었고, 그는 세계 1위의 부자가 되었다. 이런 상황에서도 빌 게이츠는 1년에 적어도 50권의 책을 읽었다. 짬이 날 때마다 책을 읽었다. 당신은 빌 게이츠가 MS를 직접 운영하였던 시기보다 더

바쁜 하루를 보내고 있는가? 빌 게이츠보다 할 일이 더 많아서 도무지 책 읽을 시간을 낼 수가 없는가?"

우리의 짬이 모이면 하루에 3~4시간이 된다. 스마트폰의 하루 평균 사용 시간을 보면 알 수 있다. 이제 우리의 짬을 스마트폰이 아닌 '책'에 양보하자. 시작이 반이다. 지금 당장 짬이 날 때마다 가방 속에서 책을 꺼내자.

Smart Solution - 이렇게 해보세요!

　시간이 날 때마다 스마트폰을 확인하는 습관만 없애면 책 읽을 시간은 의외로 많다. 아직 어린이집에 다니지 않는 딸이 하루에 몇 권을 읽나 헤아려보니 외출을 하지 않고 집에 있을 때는 50권도 훨씬 넘게 보았다. 같은 책을 여러 번 읽는 것까지 합치면 그 횟수는 더욱 많을 때도 있다. 그렇다고 우리 딸이 책만 보느냐 하면 그것도 아니다. 점프하고 숨바꼭질하고 먹는 데에도 꽤 많은 시간을 보낸다.

　아이들 책은 어른 책처럼 글자로 꽉 차 있지 않고 그림도 큼직하게 있고, 글씨도 띄엄띄엄 있기 때문에 시간이 조금만 있어도 금방 읽을 수 있다. 아이에게 책을 읽히고 싶다면 스마트폰 사용을 줄여서 아이를 심심하게 만들어라. 스마트폰 사용을 줄여서 책을 읽을 시간을 만들어라.

첫째, 책을 읽는 부모를 보며 책을 읽는 아이들

　얼마 전에 아이들에게 꼭 사주고 싶은 책이 있는데 고가여서 망설이다가 중고거래 사이트에서 절반도 안 되는 가격에 팔고 있기에 전화를 해서 사겠다고 말했다. 책을 가지러 집으로 오라 해서 갔는데 아이의 책이 집을 가득 채우고 있었다. 놀라서 내가 물어보았다.

"어머나, 이 집에는 아이 책이 정말 엄청나게 많네요. 아이가 책을 많이 읽나 봐요."

"아니에요. 제가 책을 읽히고 싶어서 이것저것 사다 놓은 거예요. 아이는 제가 책을 읽자고 하면 겨우 보는 정도예요. 저는 아이를 꼭 책 읽는 아이로 키우고 싶어요."

엄마는 정말 선한 인상을 가지고 있었고, 아이를 잘 키우고 싶은 따뜻한 마음이 아기자기하게 꾸며 놓은 집안 구석구석에서 느껴졌다. 그런데 아무리 집을 둘러보아도 엄마의 책은 보이지 않았다. 엄마가 책을 읽는 모습을 보여 주지 않는데, 아이들이 책을 자연스럽게 읽는다? 앞뒤가 맞지 않는 듯했다.

책 육아에 성공하여 책을 쓴 부모들을 보면 한결같이 엄마가 더 많은 책을 읽었다고 한다. 아이가 있을 때도, 아이가 없을 때도 책을 읽는 부모가 있었다. 아이가 책을 읽게 하려면 아이를 위한 좋은 책과 함께 책을 읽는 부모의 모습이 있어야 한다. 아이가 스마트폰에 빠져 멍하니 화면을 바라보는 것이 아니라 반짝이는 눈동자로 책을 읽고 세상에 대한 호기심을 키워 나가게 하고 싶다면 부모부터 책을 들어라. 요즘 나는 어린왕자를 다시 읽고 푹 빠졌다. 내가 같은 책을 자꾸 읽으니까 딸이 와서 궁금한지 자꾸 내 책을 가져가서 아는지 모르는지 펼쳐서 본다. 부모가 본보기가 되어야 아이도 스마트폰이 아닌 책을 보게 될 확률이 높다.

둘째, 휴대하기 쉬운 책을 구입하여 읽자

일본은 전 세계에서 가장 높은 독서율을 자랑한다. 나는 대학생 때 교환학생의 신분으로 일본 대학에 있었는데 그 시절 버스나 지하철에서 책을 읽는 일본인의 모습이 매우 인상적이었다. 유난히 조용한 일본의 지하철과 버스는 책을 손에 들고 독서에 열중하는 사람들로 가득했다. 요즘은 일본도 스마트폰 때문에 독서하는 인구가 많이 줄어서 걱정이라지만 일본은 여전히 독서 최강국이다. 일본이 독서하는 나라가 될 수 있었던 이유 중 하나는 '작고 가벼운 책'에 있을 것이다. 일본 서점에 가면 정말 이게 책이 맞나 싶을 정도로 작고 얇은 책이 많다. 손바닥만 한 사이즈에 100페이지도 안 되는 책도 있고, 크기가 큰 책도 150페이지 안팎으로 가벼운 경우가 많다(우리나라 책은 보통 200페이지에서 250페이지이고 무겁다). 손바닥만 한 책은 휴대가 간편하고 가벼우므로 일본 사람들은 보통 이 작은 책을 대중교통을 이용할 때 들고 다니면서 읽는다. 언제 어디서나 독서를 할 수 있는 것은 이 작고 가벼운 책 덕분이다.

우리나라에도 요즘 작은 사이즈의 책이 나오기 시작했다. 아직은 명작 위주로만 나와 다양한 책을 접하기는 어렵지만 그래도 대형서점에서 작은 사이즈의 책을 찾을 수 있다는 사실만으로도 희망적이다. 작은 책은 가방에 넣고 다녀도 부담이 되지 않는다. 가격도 일반 책보다 훨씬 저렴해서 두 권을 사도 큰돈이 들지 않으니 당장 실천할 수 있다. 작은 책을 가방에 넣어 두고 지하철을 타거나 친구를 기다리는 등의 시간이 생겼을 때 스마트폰 대신 꺼내 읽자. 책은 이상하게 손에 들고만 있어도 기분이 좋아지는 존재다. 책의 냄새를 맡아 보았는가? 책의 종이에서 나는 냄새는 은은한 나무향기와 같아서 사람의 마음을 평화롭게 만든다. 단, 책을 읽고 있는 내 모습에 도취되어 스마트폰 카메라로 셀카를 찍어서 SNS에 올리는 우는 범하지 마시길!

\# 이것은 내가 2017년 12월에 구매한 미니책이다.
우리 딸 손보다도 더 작은 사이즈이다.
그런데 이거 주머니에 넣고 다니니 생각보다 손이 간다. 한 권에 2500원

만화책이라도 좋다. 흥미 있는 분야의 책부터 읽어 보자. 그렇게 한 분야를 좋아하기 시작하면 나중에 자연스럽게 다른 분야의 책에도 눈이 가게 되어 있다. 어떤 책이라도 좋으니 부피가 작고 가벼운 책을 가방에 한두 권 넣고, 책상 위에도 눈에 띄는 곳에 한두 권 놓자. 소파에도 한두 권 뒹굴뒹굴 거리게 놓아두고 '짬'이 생길 때마다 책에 손을 뻗자. 처음에는 매우 의식적으로 이 행위를 해야 하지만 한두 번 하다 보면 자연

스럽게 손이 책으로 가고 있는 자신을 발견할 것이다. 마땅히 좋아하는 책이 없다면 '잡지'도 좋다. 낚시 잡지도 좋고, 인테리어 잡지도 좋다. 무언가 내가 즐겁게 볼 수 있는 것이라면 그 무엇이라도 좋다. 절대 핑계를 대지 말고 내 주변을 읽을거리로 가득 채워 보자.

셋째, 아이가 집안에 책을 마음껏 읽을 수 있는 환경 조성하기

내 주변을 읽을거리로 채워서 책을 읽는 습관이 형성되기 시작했다면, 똑같이 우리 아이에게도 적용해 보자. 수능 만점자, 영어시험 만점자의 부모들은 하나같이 아이를 어려서부터 책과 친해지게 하려고 노력하였다. 어린아이가 책에 흥미를 가질 수 있도록 하는 것은 부모의 몫이다. 책을 마음껏 즐길 수 있는 환경을 조성해 주자.

아이가 심심해할 때마다 스마트폰을 쥐어 주던 습관은 잊자. 이제 새로운 습관의 시작이다. 아이가 심심하다고 하면 달려가서 재미있는 책을 읽어 주고, 아이가 피곤해하면 무릎에 앉혀 놓고 책을 읽어 주고, 아이가 잘 시간이 되면 자기 전에 책을 읽어 주자. 한동안은 스마트폰을 주고 싶은 유혹을 떨쳐내기가 힘들 것이다. 그러나 절대 흔들리면 안 된다. 나도 이렇게 3~4개월 책의 즐거움을 알게 하였더니 이제는 아이들이 스스로 책을 가져 와서 읽어 달라고 하고 혼자 읽기도 한다.

지난겨울에 나는 감기에 걸려서 목소리를 잃었다. 몸 컨디션은 그렇게 나쁘지 않기 때문에 크게 문제가 없을 거라 생각했다. 그런데, 아뿔싸! 목소리가 제대로 나오지 않으니 육아를 할 수가 없었다. 목이 아파서 아이들에게 책을 읽어 줄 수가 없어서 아이들도 나도 큰 즐거움을 잃은 것이다. 아이들은 이해가 안 되는지 계속 책을 읽어 달라고 떼를 썼고 그러면 나는 쩍쩍 갈라지는 목소리로 책을 읽어 주었다. 나중에는 목이 따가워서 견딜 수가 없었다. 목소리가 잘 나오지 않았던 이틀 동안 육아가 얼마나 힘들었는지 모른다. 아이와 책으로 보내는 시간의 소중함, 행복함을 온몸으로 깨달은 날이었다.

장담컨대, 책으로 아이들과 함께 시간을 보내면 육아가 한결 편하고 즐거운 일이 된다. 책을 읽으면 아이의 짜증이 줄어들기 때문에 아이들이 더욱 예뻐 보인다. 또한, 웃을 일도 더 많아지고, 아이들과 나눌 수 있는 대화 소재도 훨씬 다양해진다. 아들은 어제 밤을 먹으면서 아빠에게 이렇게 말했다.

"아빠, 밤을 먹는 벌레 이름 알아요? 바구미예요. 입에 빨대 같은 것이 있어서 구멍을 내고 거기다가 알을 낳는대요."
"바구니? 물건 담는 바구니? 하하하."
"아니요, 바구미요 바구미. 아빠도 참. 하하하."

딸은 아직 이렇게 긴 문장을 이야기하지 못해도 이 내용을 알고 있기 때문에 옆에서 "바, 바"라고 바구미를 이야기한다. 책을 읽어서 이야기 화제가 다양해지니 아이들과 대화하는 게 예전보다 훨씬 즐겁다.

스마트폰과 보내는 시간은 아이를 강한 자극에 노출시키기만 할 뿐 무의미하게 지나가지만 책을 읽는 아이의 시간은 세상에 대한 관심과 지식으로 채워지는 소중한 시간이 된다. 아이가 책을 읽는 아이로 자라기를 바란다면, 그래서 세상에 관심이 많고 성과도 잘 내는 아이로 크기를 바란다면 스마트폰이 아닌 책과 시간을 보내는 아이로 키워야 한다.

key point!

* 아이가 책을 읽게 하려면 아이를 위한 좋은 책과 함께 책을 읽는 부모의 모습이 있어야 한다. 아이가 스마트폰에 빠져 멍하니 화면을 바라보는 것이 아니라 반짝이는 눈동자로 책을 읽고 세상에 대한 호기심을 키워 나가게 하고 싶다면 부모부터 책을 들어라.

* 서점에서 마음에 드는 작은 책을 두 권만 구입하자. 작은 책을 가방에 넣어 두고 지하철을 타거나 친구를 기다리는 등의 시간이 생겼을 때 스마트폰 대신 꺼내자.

* 아이가 책을 마음껏 즐길 수 있는 환경을 조성해 주자. 아이가 심심해할 때마다 스마트폰을 쥐어 주던 습관은 잊자. 이제 새로운 습관의 시작이다. 아이가 심심하다고 하면 달려가서 재미있는 책을 읽어 주고, 아이가 피곤해하면 무릎에 앉혀 놓고 책을 읽어 주고, 아이가 잘 시간이 되면 자기 전에 책을 읽어 주자.

Chapter 3
스마트폰이 없어야 창의력이 생긴다

스마트폰 없이 놀아야 창의력이 생긴다

　둘째가 태어나고 나의 껌딱지 아들은 더 이상 내 옆에 달라붙어 있을 수 없게 되었다. 그래서 처음에는 짜증도 내고 징징거리기도 많이 했다. 둘째가 태어나서 잠도 잘 못 자고 종일 울어서 귀를 막고 싶을 때, 아들이 책을 읽어 달라고 소리 지르고, 맛있는 거 달라고 징징거리면 나는 다 포기하고 그냥 가출하고 싶었다. 육아고 뭐고 다 필요 없고 그냥 혼자 무인도에 있고 싶었다. 첫째에게 '에라, 모르겠다' 하고 스마트폰을 종일 줘서 혼자 조용히 놀게 하고 누워서 쉬고 싶었다.

　하지만 내가 낳은 아이들을 두고 그렇게는 할 수 없었다. 어렵게 하루 하루 스마트폰을 보여 주고 싶은 욕구를 꾹꾹 참아내며 아이 둘을 키웠다. 아이에게 스마트폰을 보여 주면 편하다는 말을 주변에서 하도 많이 해서 그 말에 현혹되지 않기 위해 아예 스마트폰을 가방 깊숙이 넣어 놓거나 책꽂이 맨 위에 놓아서 손이 닿기 어렵게 만들었다. 나 자신이 손에 스마트폰을 드는 순간 아이에게 스마트폰을 건네주는 유혹을 이겨내지 못할 것 같아서였다.

 그런데 신기하게도 첫째인 아들이 내가 둘째를 돌보느라 잘 놀아 주지 못하자 혼자서 창의적으로 놀기 시작했다. 내 신용카드를 하나 가져가더니 서랍과 서랍 사이의 틈새에다 긁으면서 "계산 다 됐습니다. 2천 800원입니다"라고 계산놀이를 하고, 소파 사이에 카드를 끼우더니 "여기가 카드를 만드는 공장이에요"란다. 카드를 동생 발바닥에 갖다 대면서 "동생 발 보호해 주는 거예요"라고 말하기도 하고, 여기는 주차장이라면서 "주차권을 뽑아 주십시오"라며 기계 목소리를 흉내 내기까지 한다. 그리고 카드를 하도 유심히 봐서 거기 엄마 이름 '이연주'가 영어로 쓰여 있다는 것과 유효 기간이 적혀 있다는 것까지 안다. 엄청나게 예리한 관찰력이다. 자기 이름이 쓰인 카드는 왜 없냐고 난리다.

 이처럼 아이를 키우는 부모라면 아이가 생각지도 못한 방법으로 노는 모습을 목격한 적이 있을 것이다. 만약 아이에게서 창의적인 모습을 못 봤다면 십중팔구 디지털 기기를 적극적으로 사용하는 부모일 것이다. 육아 전문가가 말하길 아이의 창의력은 '심심함'에서 온단다. 그러니 아이에게 심심할 틈을 주란다. 그래서 아이를 창의적으로 키우기 위해서는 장난감이 많이 없는 편이 더 좋다고 한다. 그래야 아이가 심심함을 느끼고 자신이 무엇인가를 만들어서 놀기 때문이란다. 심심해야 책도 읽고, 심심해야 이런 저런 엉뚱한 생각을 하면서 보다 창의력 있는 아이로 자랄 수 있다고 한다.

모래가 많은 곳에 아이를 데리고 가면, 모래에 물을 부어서 성도 만들고, 터널도 만들면서 논다. 아이들은 무에서 유를 창조하는 데 매우 능하다는 것을 실감할 수 있다. 그런데 우리는 언젠가부터 내가 힘들 때나 아이가 심심해할 때에 스마트폰으로 동영상을 보여 주고, 스마트폰으로 게임을 하게 한다. 피곤함과 아이의 짜증을 조금만 참아 내고 지나가면 되는데 그 짧은 순간을 참지 못하고 스마트폰을 내어 준다. 아이는 심심한 순간을 이겨 내기 위해 스스로 창의적 행동을 하도록 설계가 되어 있는데 아이가 심심해서 짜증을 내는 그 시간을 어른이 참지 못하고 스마트폰을 건네주는 것이다.

4차 산업혁명이 다가오면 다가올수록 창의력을 사용하는 직업들만이 살아남고, 또 창의력을 쓰는 직업들이 새로 생겨난다. 기계적으로 할 수 있는 일, 예를 들어 정보를 입력하고, 정보를 분석하는 일은 인공지능 로봇에 의해 대체될 것이다. 그래서 현재의 회계사, 변호사도 사라질 것이며, 로봇이 사람보다 더 정교하게 수술을 할 수 있기 때문에 의사라는 직업도 로봇에 의해 대체될 것이라는 분석이 많다. 하지만 인간만이 할 수 있는 상상력, 창의력을 이용하는 일은 앞으로 더 많아지고 발전할 것이다.

우리 아이를 미래에 좋은 직업을 갖게 하고 싶다면, 인간다운 생활을 할 수 있게 하고 싶다면, 창의력을 키워야 한다. 그 기본은 스마트폰으로부터 우리 아이를 멀어지게 만드는 일일 것이다. 아이를 조금은 심심하게 만들어서 스스로 놀이를 창조하여 놀 수 있게 해보자.

스마트폰 없이 제대로 쉬어야 활성화되는 망상조직

　성인인 우리의 쉬는 모습부터 생각해 보자. 우리는 요즘 스마트폰이라는 것을 몸에 항상 지니고 다니면서, 여유라는 여유를 스마트폰으로 모조리 다 없애 버리고 있다. '짬'이라는 단어를 요새는 거의 쓸 일이 없다. 예전에는 양말에 작은 구멍이 나면 '나중에 짬날 때 바느질해야지'라고 생각하거나, 티셔츠에 김치 국물이 묻으면 '나중에 짬날 때 손으로 빨아야지'라고 생각을 했었다. 짬날 때 이것 하고, 짬 내서 저것 하고 이런 식의 말을 참 많이 했었다. 그런데 요즘은 스마트폰에 모든 짬을 내어 주고 있으니 '짬'이라는 단어가 한국말에 있긴 했나 싶을 정도로 어색한 단어가 되어 버렸다. 우리의 머릿속은 '짬날 때마다 스마트폰을 해야지'라는 생각에 지배당하고 있다. 아니 짬날 때마다 스마트폰을 하는 것이 이미 습관화되어서 그런 생각조차 하지 않은 상태에서 스마트폰을 만지고 있다. 엘리베이터를 기다리면서, 버스나 지하철을 기다리면서, 화장실에 가면서.

　우리에게 생기는 여유 시간을 스마트폰이 모조리 다 갉아먹으면서 우리에게는 여유 시간 자체가 없어진 것 같다. 기계는 자고로 인간을 편리하게 만들어 주기 위해 개발된 것인데, 이 편리한 기계로 인해서 생긴 여유 시간을 다시 스마트폰이라는 작은 기기에게 내어 주고 있는 꼴이다. 그래서 기계에게 많은 노동을 건네준 지금도, 우리는 나 자신에 대해서 오롯이 생각해 보는 시간을 갖지 못하고 있다. 그리고 이런 '짬'

이라는 개념과 '푹 쉬는 문화'도 사라졌다. 당신은 예를 들어 한 시간 동안 쉴 수 있는 시간이 주어진다면 무엇을 할 것인가? 대부분의 사람들은 생각할 것도 없이 소파에 앉아서 혹은 어딘가에 누워서 '스마트폰을 한 시간 동안 줄기차게 할 것'이다. 무엇을 할까라는 생각조차 해보지 않고 말이다.

콜로라도 인식과학센터 연구원 제시카 앤드루스 한나 박사에 의하면 휴식을 취하는 동안에 뇌를 검사해 보면 특정 뇌 부위가 활동 중이라고 한다. 우리는 일반적으로 휴식을 취하면 뇌 활동이 멈출 것이라고 생각하는데 그렇지 않다. 그런데 휴식 중에 SNS 알림이 울리거나 전화벨 소리가 울리는 등 외부 자극이 들어오면 뇌가 이에 반응하면서, 휴식을 취할 때 활동 중이던 특정 부위의 활동이 곧바로 비활성화 상태로 바뀐다. 진정한 휴식 상태에서 벗어나게 된다는 말이다.

휴식을 취할 때 활성화되는 특수 부위는 대뇌피질, 해마, 중간 측두엽 앞뒤에 골고루 퍼져 있는 '망상조직'이라는 것인데, 이는 과거 추론능력, 미래 계획능력에 필수적인 기능을 담당하고 있으며 이와 더불어 외부 세계에서 상처받은 마음을 격리시켜 주는 기능도 가지고 있다. 그러니까 외부의 방해 없이 진정한 휴식을 취해야 우리는 과거의 나에 대해서도 되돌아볼 수 있고, 미래의 나에 대해서도 상상해 보고 계획을 짤 수 있으며, 외부에서 받은 상처도 치유할 수 있는 것이다. 진정한 휴식 시간을 갖고자 한다면 스마트폰을 손에서 놓아서 스마트폰으로부터 휴식을 방해받지 않아야 한다.

우리는 쉰다고 생각하며 카페에 가서 차를 한 잔 마시면서 한 손으로는 스마트폰을 하고, 집에서 창밖을 바라보며 아이스크림을 먹으면서 한 손에는 폰을 들고 있다. 맑은 공기를 쐰다고 공원에 가서 그늘막을 치고, 그 그늘막 아래에 의자를 설치하고 앉자마자 주머니에서 폰을 꺼내 든다. 아이들에게도 태블릿을 주거나 스마트폰을 주면서 쉬라고 말한다. 이것은 오히려 아이들의 휴식을 방해하며 두뇌와 신체를 더욱 힘들고 괴롭게 만드는데 그 사실도 모른 채 쉬라고 스마트폰을 건네준다. 이는 진정한 의미의 휴식이 아니다. 여행 등을 가서 아이에게 스마트폰을 주고 싶을 때마다 이런 휴식으로는 아이가 외부 세계에서 받은 상처의 회복도, 미래에 대한 계획도 잘 이루어지지 않는다는 것을 항상 기억하자.

스마트폰 없는 휴식을 권하는 호텔

휴식을 취할 때 우리는 리조트를 찾고, 호텔을 찾는다. 그런데 대부분의 사람들은 차를 타고, 비행기를 타고, 배를 타는 등 기나긴 여정 끝에 숙소에 도착하여 짐 정리를 하고 나면, 숙소에서 잠시의 무료함을 참지 못하고 스마트폰을 꺼내서 호텔 사진을 찍고 이 사진을 친구에게 전송하며 친구와 이야기를 나누거나, 인터넷으로 뉴스를 본다. 여유를 찾아서 온 여행지에서조차 평상시에 짬이 생기면 하던 행위들을 하는 것이다. 그래서 결국 진정한 휴식을 여행지에서도 취하지 못하는 사람들이 대부분이다.

이러한 모습을 보고 재미있는 아이디어를 낸 리조트가 있다. 바로 호텔 리셉션에 모든 디지털 기기를 맡기게 하는 '세인트 빈센트 그레나딘 리조트(Saint Vincent and the Grenadines Resort)'의 패키지이다. 이 도시는 2015년 타임즈가 뽑은 꼭 가봐야 할 도시 52곳 중에서 12위로 뽑힐 정도로 세계적으로 유명한 곳이다. 여행에 관심이 있는 사람이라면 이미 여행 버킷 리스트에 들어가 있을지도 모른다.

이 리조트에서는 디지털 기기로 스트레스받는 사람들이 늘어나는 것을 보고 'No Phone, No Tablet, No TV, No Computer'라는 패키지를 만들었다. 그렇다. 방금 읽은 게 바로 여행 패키지 이름이다. 리조트에 체크인 할 때 리셉션에 모든 디지털 기기를 맡기고 리조트에 머무는 기간 동안은 디지털 기기 없이 휴식을 취하라는 것이다. 그런데 여기서 끝이 아니다. 혹시 디지털 기기가 없어서 고객이 무료함을 느낀다면, 리조트에 연락해서 이에 대해 이야기를 나누고 도움을 받을 수 있는 소위 라이프 코치(Life Coach)가 리조트에 상주하고 있다는 사실!

또한 호텔 중에서 시설이 낙후하여서 혹은 규모가 작아서 와이파이가 안 되는 곳이 종종 있는데, 예전에는 이것이 고객들의 넘버원 불만사항이었다. 그래서 호텔 예약 웹페이지에도 이런 정보는 페이지 끝에 아주 조그맣게 쓰여 있거나 찾기 힘든 곳에 숨겨져 있었다. 출장 중이라면 회사 사람들과 연락이 늘 되어야 하고, 휴식 중이라면 스마트폰이나 PC로 마음껏 놀아야 하는데 와이파이가 안 되는 호텔이라니!

그런데 요즘 디지털 기기에 피로감을 느끼는 사람들이 많아지면서 와이파이가 안 되는 호텔들이 오히려 'No wifi'를 세일즈 포인트로 들고 나오기 시작했다. '우리 호텔은 와이파이가 안 됩니다. 반강제적으로라도 당신은 진정한 휴식을 취할 수 있습니다'가 호텔이 전하는 메시지이다. 더불어 그들은 그들만이 제공하는 폰 리셉션과 모닝 알람콜도 함께 세일즈 포인트로 활용하고 있다. 휴대폰이 없던 시절 호텔에 묵을 경우 호텔로 전화해서 211호로 연결해 달라고 하면 211호로 호텔 리셉션에서 룸으로 연결해 주던 옛날 서비스를 제공한다고 광고한다. 그야말로 아날로그의 부활이다. 스마트폰이 생기면서 거의 사라진 '전화연결 서비스와 모닝콜 서비스'가 다시 등장한 것이다. 필요한 연락은 호텔 리셉션으로 해결할 수 있으니, 그런 연락이 아닌 경우에는 스마트폰 없이 푹 쉬거나, 해야 할 일에 집중하라는 호텔의 배려가 흥미롭다.

창의력을 위해 디지털제로 선언한 실리콘벨리 학교

실리콘벨리에 중심부에 발도로프라는 학교가 있다. 학부모의 70%가 구글, 애플, 마이크로 소프트 재직자로, IT 최고 전문가들의 자녀가 다니는 학교이다. 학비도 엄청나다. 초중학교 과정이 약 1만 8천 달러이고, 고등학교 과정은 약 2만 5천 달러이다.

여기까지만 들으면 럭셔리한 건물과 최첨단 장비로 꾸며진 학교가 떠오를지도 모르겠다. 하지만 이 학교는 디지털 제로를 추구한다. 창의적

사고, 인간 교류, 주의력 등을 훼손한다는 이유로 컴퓨터를 구비하지 않았다. 학생들도 이 학교에 올 때에는 스마트폰, 아이패드, 노트북, 태블릿 PC 등 모든 기기를 가져올 수 없다. 세계 최고의 IT 회사 직원의 자녀들, 언제라도 최고의 IT 교육을 부모에게서 받을 수 있는 아이들은 오히려 디지털 기기가 없는 곳에서 교육을 받고 있는 것이다. 예를 들어, 이 학교에서는 신화를 배울 때에도 컴퓨터로 동영상을 시청하는 것이 아니라 신화를 배우고 그 내용을 손으로 그리는 작업을 한다. 뜨개질도 배운다. 손으로 하는 활동, 직접 만들어 내는 창조적 활동을 강조한다. 아이들이 직접 그리고 칠하는 것이 단순히 컴퓨터 화면으로 이미지나 영상을 보는 것보다 창의력을 더 키울 수 있기 때문이란다.

90%의 학생은 과제를 할 때에도 구글 검색을 이용하지 않는다고 한다. 실제 구글 직원이면서 발도로프에 아이를 보내는 앨런은 전자기기가 아이들에게 수학, 읽기 등을 더 잘 가르친다고 생각하지 않는다고 하였다. 그의 아들도 구글 검색을 이용하지 않는다. 마이크로소프트에 근무하면서 발도로프 학교에 아이를 보내는 피에르 로렌트는 "어릴 때 컴퓨터를 안 배우면 디지털 시대에 뒤쳐질 거라 걱정하는 사람이 있는데, 컴퓨터를 다루는 것은 치약을 짜는 것만큼 쉬운 일이다. 아이들이 좀 더 큰 뒤에 컴퓨터에 익숙해지는 것이 뭐가 나쁘다는 것인지 모르겠다"라고 말했다.

스마트폰을 직접 만드는 사람들이, 최고의 IT 교육을 시킬 수 있는 사람들이 자신의 자녀를 이 학교에 보내는 이유는 무엇일까? 컴퓨터나 인터넷을 일찍 접하는 것이 아이에게 좋지 않기 때문일 것이다. 이 학교 학생들의 대학 진학 성적은 실리콘밸리 발도로프 학교의 명성과 디지털 프리 교육의 효과를 보여 준다. 발도로프 고등학교 과정 졸업자의 대다수가 명문대에 진학했기 때문이다.

Smart Solution – 이렇게 해보세요!

일찍이 독일의 사상가 아도르노는 "부유한 사회에서는 진정한 여가가 아닌 질 낮은 자유 시간만 넘쳐난다"고 주장했다. 저녁과 주말뿐인 자유 시간, 일하지 않는 시간은 쉰다고 말을 하면서 '스마트폰을 들고 소파나 침대에 누워 있지는 않은가?' 아도르노가 세상을 뜬 지 50년이 지났지만, 그가 한 말은 하나도 틀리지 않았다. 현재 우리의 삶에는 진정한 여가는 찾아보기 힘들어졌다. 지금 당장 주변을 돌아보라. 질 낮은 자유 시간을 보내고 있는 사람을 수도 없이 볼 수 있다. 어느 한 활동에 푹 빠져서 즐거운 여가 시간을 보내거나 자연 속에서 아무것도 하지 않은 채 생각에 잠기는 일 없이 그저 하루 종일 TV를 틀어놓거나, 스마트폰이 주는 정보의 홍수에 빠져 뇌에 지속적인 노동을 주는 이들로 넘쳐난다.

스마트폰을 멀리한 채 아무것도 하지 않고 진정한 휴식을 취해 보자. 뇌는 무료해지는 것을 싫어하기 때문에 특정한 자극을 주지 않으면 생각에 잠기게 되어 있다. 이것이 우리가 '사색'이라 부르는 것이다. 사색에 빠지면 망상조직이 활성화되고 이것은 진정한 휴식 시간이 되어서 우리에게 앞으로 살아갈 힘을 준다. 뇌는 우리 몸의 2%밖에 되지 않지만 25%의 에너지를 사용한다고 하니 부디 두뇌에게도 휴식 시간을 주자.

첫째, 아이들이 멍 때리고 있다면, 나무라지 말고 그대로 두기

아이들이 무료해한다고 해서 '스마트폰'을 줄 필요는 전혀 없다. 아이들도 '망상조직'을 활성화시키면서 쉴 시간이 필요하다. 아이들이 잠시 '멍 때리고 있는 모습'을 보여도 나무라지 말자. 요즘 세상에는 시간이 날 때마다 스마트폰을 하는 아이들이 많아서 오히려 '멍 때리기'를 권장해야 할 판이다. 아이들은 '심심함'을 느끼는 것이 좋다. 심심해야 건설적이고 생산적인 활동들을 하기 위해 생각하고 움직이기 때문이다.

부모의 눈에는 아이들이 아무것도 하지 않고 누워 있거나 '멍'을 때리고 있으면, 게으르고 농땡이를 부리는 것으로 보일 수 있지만 실상 아이들은 진정한 휴식을 취하면서 망상조직을 활성화시키고 있는 것이다. 휴식을 통해 아이들이 스스로 자신의 미래를 생각하고 설계할 수 있도록 도와주자. 부모가 아이의 미래를 생각하고 판단하여 지시를 하면 아이들은 어느 정도까지는 따라올 수 있지만, 그것은 자신의 미래가 아니다. 그리고 그런 '목적의식'이 없는 미래는 아이에게 진정한 행복을 주지 못한다. 자신의 미래를 직접 그릴 수 있도록 '제대로 쉴 수 있는 환경' 즉 스마트폰 없는 휴식 환경에 부모가 앞장서야 한다.

둘째, 노래 불러 주기, 이야기 들려주기

아이가 어리다면 가만히 쉬는 것을 못 견뎌 할 수도 있다. 그렇다고 아이에게 스마트폰을 주면 안 된다. 나는 아이가 피곤해하거나 아파서 쉬고 있으면 조용히 노래를 불러 준다. 나도 옆에 누워서 그냥 노래만 흥얼거리는 것이다. 그러면 아이는 별다른 놀 거리를 찾지 않고 누워서 휴식을 취한다. 내가 자주 부르는 노래는 내가 어렸을 때 좋아하던 가요다. 〈바위섬〉, 〈개똥벌레〉, 〈아침이슬〉, 〈만남〉, 〈사랑해〉 같은 조용한 노래들이다. 우리 아들은 내가 이 노래를 하도 많이 불러서 이 노래 가사를 아기 때부터 알고 있다. 아들이 두 살 때부터 지금까지 가장 좋아하는 노래는 〈사랑해〉인데, '예예예~' 부분이 나오기를 얼마나 기다리는지 모른다.

그러나 노래를 계속하려면 힘들다. 그래서 나는 노래 중간중간 이야기를 들려준다. 전래동화 같은 이야기는 아이가 재미없다고 해서 주로 아이가 지금보다 더 어렸을 때 이야기를 해준다. 인생 얼마나 살았다고 아기인데도 더 아기 때 이야기를 들려주면 피곤해도 눈이 반짝반짝거린다. 아들이 가장 좋아하는 이야기는 둘째 태교여행으로 다녀온 오키나와 이야기이다.

"지성이가 두 살 때, 우리가 오키나와로 여행을 갔었는데, 그때 지성이가 일본 사람들이 말하는 걸 보고 되게 신기하게 쳐다봤었어. 그리고 바닷가에서 놀았는데 지성이가 돌멩이가 너무 예쁘다고 해서 오키나와 바닷가 돌멩이를 5개나 가지고 왔어. 너는 한 살 때부터 돌멩이를 좋아했어. 지금도 돌멩이 엄청 좋아하잖아."

지성이는 자신의 기억 속에는 없는 자신의 이야기를 듣는 것을 굉장히 좋아한다. 반복하고 또 반복해도 계속 들려 달라고 한다. 아이들은 반복에 대한 지겨움이 어른보다 상당히 덜한 것 같다.

셋째, 창의력을 길러 주는 놀이하기

아이들에게 스마트폰을 가장 많이 내어 주는 장소는 어디일까? 음식점이다. 대부분 음식점에서 아이에게 스마트폰을 주고 싶은 유혹을 가장 크게 느끼는데, 이 마음을 다잡고 이번에 소개하는 창의력, 관찰력을 키워 주는 놀이를 함께해 보자.

'이 음식에는 무엇이 들어 있을까' 놀이이다. 하루는 레스토랑에서 스프를 먹는데 정말 맛있었다. 아이들도 한 입 먹고서 뜨겁다고 난리였지만 맛있다고 진짜 많이 먹을 거라며 서로 더 달라고 하였다. 그래서 스프가 식기를 기다리면서 아이들에게 물어보았다.

"얘들아, 이 맛있는 스프에는 무엇이 들어 있을까? 대답하는 사람 엄마가 한 숟갈씩 더 줄게."

그러면 아이들은 스프를 그냥 먹을 음식으로만 봤다가 관찰을 하기 시작한다. 색깔로 유추해 보기도 하고, 방금 느낀 맛을 떠올려 보기도 하고, 냄새를 맡기도 한다. 양송이스프인데 '브로콜리'라고 말을 해도 "오~ 초록색이 군데군데 보이네. 맞아맞아. 브로콜리 오케이! 딩동댕!"

유난을 떨며 엄마 생각에도 브로콜리가 들어 있는 것 같다고 하면서 한 숟가락을 떠준다. '버섯'이라고 하면 "식감이 엄마 생각에도 버섯 같아, 정말 대단해"라고 하며 한 숟가락 준다. 이렇게 놀다 보면 스프는 식고 아이들은 더욱 즐겁게 스프를 먹는다. 이 놀이는 스프가 아니어도 음식이 식기를 기다릴 때 언제나 할 수 있다. 돈가스나 함박스테이크 같은 음식을 크게 잘라 놓고 '이것은 무엇으로 만들었을까' 맞추기 놀이를 해도 즐겁다. 이 놀이를 하면 아이들은 창의력의 시작인 '관찰'을 하게 된다.

사물을 관찰하는 것이 창의력에 얼마나 큰 도움이 되는지 세계적인 작가 베르나르 베르베르의 이야기를 들어보자. 그가 우리나라에 와서 특강을 한 적이 있는데 그때 그가 밝힌 창의력 향상방법은 '관찰'이었다. 그가 소설 《개미》를 쓰는 데 12년이 걸렸다는 사실을 아는가? 1년 동안 매일 개미를 관찰했는데 나중에는 개미가 무슨 생각을 하는지도 보일 정도로 열심히 보고 또 보았단다. 상상력과 창의력에는 관찰력이 가장 중요하다고 강조했다. 그의 소설을 읽어 보면 그가 얼마나 열심히 그리고 끈기 있게 개미를 관찰하였는지를 알 수 있다. 그러나 스마트폰이 손에 있으면 다른 사물에는 자연스레 관심이 사라진다. 자극적이고 즉흥적인 정보가 손 안에 가득하니 다른 사물을 가만히 바라볼 여유도 이유도 없는 것이다. 자녀가 4차 산업혁명 시대에 맞는 창의력 있는 인재가 되기를 바란다면, 스마트폰 없이 많은 세상을 찬찬히 관찰할 수 있는 기회를 충분히 제공해 주자.

key point!

* 아이들이 무료해한다고 해서 스마트폰을 줄 필요는 전혀 없다. 아이들도 '망상 조직'을 활성화시키면서 쉴 시간이 필요하다. 아이들이 잠시 '멍 때리고 있는 모습'을 보여도 나무라지 말자. 두뇌가 휴식을 취하며 상처를 회복하고 미래를 설계하고 있을 것이다.

* 어린아이가 피곤해하거나 쉬고 싶어 한다고 스마트폰을 건네지 말자. 아이에게 노래를 불러 주고, 아이가 더 어렸을 때의 이야기를 들려주어라. 그게 진짜 힐링이다.

* 음식점에서 아이들에게 스마트폰을 보여 주고 싶을 때, 위에서 소개한 창의력을 기르는 놀이를 하자. 세심한 관찰을 하는 연습은 아이들의 창의력에 좋은 영향을 미칠 것이다.

Chapter 4

공부에 집중하지 못하는 아이

공부하는 모든 이의 적, 스마트폰

이 책을 쓰기 위해 도서관을 꽤 오랫동안 다녔다. 분위기 좋은 도서관을 찾아다닌다고 동네에 있는 도서관은 한 번씩 다 가본 것 같다. 어렵게 가장 공부하기 좋은 도서관을 찾아서 차 타고 5분 거리에 있는 작은 도서관에 몇 달 동안 출근도장을 찍었다. 그런데 도서관에 갈 때마다 왜 도서관에 왔는지 알 수 없는 사람들이 수두룩했다. 대체적으로 두 부류의 사람들이 눈에 띄었는데 첫번째 부류는 스마트폰을 손에 아예 들고 있는 사람이다. 책을 한두 줄 읽고 손에 있는 스마트폰 보는 것을 무한반복. 본인이 스마트폰 때문에 책을 읽지 못하고 있다는 것조차 인지하지 못하는 듯했다.

두번째 부류는 스마트폰을 책상 위에 올려놓는 사람.
알림이 울리지 않았는데도 1~2분마다 수시로 스마트폰을 책상에서 손으로 가지고 와 스마트폰 화면을 켰다가 다시 끄기를 무한반복했다.

학생, 어른 할 것 없이 모두 같은 모습이었다. 스마트폰 보느라 책을 도무지 볼 수가 없는 지경에 이른 사람이 너무 많았다. 스마트폰 때문에 공부에 도무지 집중할 수 없는 지경에 이른 이들이 너무 많았다. 그놈의 스마트폰이 뭐길래 책도 못보게 하고, 공부도 못하게 하는 것인지. 청소년과 성인도 이러할진데, 하물며 어린아이들의 경우 스마트폰을 사용하게 되면 어떤일이 벌어지게 될까? 안 봐도 비디오라는 말은 이럴 때 사용하라고 있는 말일 것이다. 자기통제력이 성인보다 훨씬 낮은 아이들은 스마트폰에 푸욱 빠져서 다른 것은 할 생각조차 하지 않을 것이다. 다른 것을 하더라도 가능한 최대한 스마트폰을 많이 사용하여서 집중시간을 줄일 것이다. 공부는 집중력의 싸움이라고 하지 않던가.

나는 우리 40개월 우리 아들이 "엄마 이거 어떻게 읽어요?"라고 물어보면 신나서 "이건 주차금지라고 쓰여 있는 거야. 여기는 주차를 하면 사람들이 다니기 불편하거든."이라고 내가 아는 지식을 총동원해서 설명한다. 그럼 아들은 나의 입을 반짝이는 눈동자로 쳐다보며 듣는다. 아~ 행복함과 뿌듯함이 절정에 이르려는 순간! 꼭 둘째인 딸이 끼어든다.

"엄마, 아~~~~~아아아~~~"

아직 말을 하지 못하는 딸은 내가 너무 행복한 표정으로 아들과 대화를 나누면 어김없이 우리 사이에 서서 울어재낀다. 아들이 글자를 궁금해하여 칠판에 글을 쓰고 있으면 운동신경이 뛰어난 딸은 엄청난 스피

드로 달려와서 칠판 글씨를 손으로 지우고는 뿌듯해한다. 아들이 책을 읽어 달라고 해서 읽어 주면 조용히 놀고 있던 딸은 어떻게 알았는지 금세 달려와서 오빠가 보는 책을 밟고 올라선다.

"으아~~~~~~~~~~~~~"

그런데 요즘 모든 아이들의 공부를 방해하는 강적이 나타났다. 초등학생은 물론이거니와 중학생 고등학생 심지어는 대학생의 공부까지 방해하는 엄청난 방해꾼, 바로 '스마트폰'이다. 시도 때도 없이 울리는 알림과 학생들을 유혹하는 다양한 정보는 공부하는 데 쏠려야 하는 학생들의 주의를 빼앗고 있다. 공부를 방해하는 동생이 100명 정도 있는 꼴이다. 아이가 집중력이 좋은 아이로 커가길 바란다면, 공부 잘 하는 아이로 커가길 바란다면 지금 당장 스마트폰을 멀리 던지거나 깊이 숨겨라.

집중을 무너뜨리는 스마트폰

운전할 때 가장 기분 좋은 일은 신호에 걸리지 않고, 정체 없이 신나게 달리는 일이다. 평상시 한 시간 정도 걸리던 곳을 멈추지 않고 잘 달린 덕에 30분 만에 도착하면 정말 기분이 좋다. 그런데 계속 신호에 걸리고, 주정차 차량 때문에 차선을 바꾸고, 경찰이 단속한다고 차를 세우고, 출퇴근 시간과 겹쳐서 정체가 되면 주행 시간과 짜증이 함께 급격히 늘어난다. 쌩 도로를 달리는 것과 정체된 도로를 달리는 것은 천국과 지옥이라 비유해도 될 만큼 큰 차이가 난다.

공부도 마찬가지이다. 집중을 해서 몰입상태에 들어가면 주변의 소음이 자연스레 차단되면서 공부하는 내용이 머리에 쏙쏙 박힌다. 심지어 공부하고 있는 내용을 더 깊이 알고 싶다는 욕망이 일기도 한다. 그런데 스마트폰은 그런 욕망이 일기도 전에 집중력을 한 번에 무너뜨린다. SNS, 음악, 스포츠뉴스, 연예뉴스, 쇼핑, 친구와의 채팅, 전화, 검색 그 모든 것이 가능한 스마트폰이 우리 곁에서 항상 우리의 집중력을 갉아먹는 것이다. 어떤 일에 집중을 하다가 무의식적으로 폰을 집어 들어서 알림 온 게 없는지 한 번씩 폰을 확인하고 있지 않은가? 다이어트를 한다고 식이조절을 하고 있는데, 핫도그, 치킨, 삼겹살, 부대찌개 냄새가 여기저기 폴폴 나서 음식의 유혹에 넘어가는 것과 같은 이치다. 책을 읽으려고 책을 폈는데 한 페이지도 채 다 읽기 전에 폰을 꺼내 들고 있지는 않은가? 그렇다. 스마트폰은 옆에 있다는 사실만으로도 우리의 업무능력, 학습능력, 인지능력을 뚝뚝 떨어뜨린다.

텍사스 오스틴 대학은 대학생 795명을 대상으로 스마트폰이 인지능력에 미치는 영향에 대한 실험을 진행하였다. 세 가지 다른 장소에 스마트폰을 놓고서, 스마트폰의 위치가 인지능력과 집중력에 얼마만큼 영향을 미치는지를 알고자 한 것이다. ① 책상 위, ② 가방 또는 핸드백, ③ 참가자가 볼 수 없는 다른 방으로 장소를 달리하였다. 실험결과 대학생들은 스마트폰을 가까운 장소에 놓을수록 인지능력, 집중력이 떨어지는 것으로 나타났다. 책상에 스마트폰이 있었을 때에는 30.5점을 기록하였고, 다른 방에 있었을 때에는 34점을 기록한 것이다. 실험 때 스마트폰 전원을 끄더라도 결과는 크게 달라지지 않았다는 것 또한 흥미로운 결과이다. 스마트폰이 눈앞에 보인다는 사실만으로도 우리의 집중력은 저하된다. 공부할 때 스마트폰 전원을 끈다고 약속하고 방에 들어가는 자녀에게 말해라. 집중력이 무너지는 것은 전원을 끈다고 해결되지 않는다고.

비슷한 연구가 하나 더 있다. 통계학 수업을 듣는 50명의 대학생에게 과제를 수행하게 하였다. 첫 번째는 스마트폰을 각자 책상 위에 놓은 상태에서 과제를 마치게 하였고, 두 번째는 스마트폰을 그들의 눈에 보이지 않는 장소에 놓은 후 과제를 주었다. 총 50개의 문제를 주고 풀게 하였는데 전반적으로 스마트폰이 눈에 보이지 않은 상태에서 학생들은 훨씬 좋은 결과를 보여 주었다. 예를 들면, 같은 학생이 스마트폰이 책상 위에 있는 상태에서는 50문제 중 21문제를 맞추었지만, 스마트폰이 시야에 없을 때에는 26문제를 맞추는 식이었다. 또한, 난이도가 높은 문제일수록 폰이 없는 상태에서 더욱 높은 집중력과 정답률을 보여 주었다.

이처럼 스마트폰은 그 존재 자체만으로 우리의 집중력을 방해하고 있다. 스마트폰에는 내가 좋아하는 가수의 노래, 좋아하는 배우의 영화 포스터 사진부터 친구와의 채팅까지 공부와는 상관이 없는 것들로 가득하다. 그러니 스마트폰이 눈에 보이는 곳에 있기만 해도 우리는 스마트폰을 보면서 다른 것을 쉽게 떠올리게 되기 때문에, 현재의 일에 잘 집중하지 못하게 된다.

　도서관에서 공부하면서 책 옆에 스마트폰을 올려놓는 일, 업무할 때 사무실 컴퓨터 옆에 스마트폰을 올려놓는 일, 아이와 집에서 놀 때 옆에 스마트폰을 놓는 일은 무해해 보이지만, 실제로는 절대적으로 유해하다. 아이들에게 사탕을 주면서 먹지 말고 그냥 보기만 하라고 하는 것과 마찬가지인 것이다. 어떻게 손에 있는 사탕을 안 먹을 수 있단 말인가. 어떻게 스마트폰을 만지지 않고 집중해서 업무 처리나 공부를 할 수 있단 말인가. 공부를 하다가도 업무를 하다가도 몇 분 지나지 않아 아무 알림이 없어도 폰에 손이 가는 것이 다반사이다. 심리학자인 래리 로젠의 조사에 따르면 일반적으로 직장인들은 회사에서 업무를 하면서도 매 15분마다 스마트폰을 체크하는데 이렇게 한 번 다른 곳으로 정신을 돌리고 나면, 다시 원래의 업무 상태로 돌아오는 데 20분 정도 걸린다고 한다. 아이에게 집중해서 육아를 하고 있는데 친구와 메시지를 한 번 주고받고 나면 그걸로 끝이 아니다. 친구의 답이 궁금해서 정신이 스마트폰으로 가게 된다. 공부나 일뿐만이 아니라 몰입육아에도 스마트폰은 최대의 적이다. 조사결과는 찾지 못했으나 육아의 즐거움, 몰입육아를 방해하는 요인 1위도 단연코 스마트폰일 것이다.

　재미있는 사실은 학생들은 이미 이 사실을 인지하고 있다는 것이다. 한 조사에서는 수험생이 직접 뽑은 공부 방해요인으로 스마트폰이 1등으로 꼽혔다. 무려 78.8%의 수험생이 스스로 말하기를 스마트폰이 가장 공부에 방해가 된다고 답한 것이다. 10년 전에 공부의 가장 방해꾼이었던 이성교제나 TV 시청은 스마트폰과 비교도 안 되는 수치이다. 이성교제가 방해가 된다고 꼽은 사람은 4%도 채 안 되었다.

하루 220회 생기는 '주의 잔류물'

몰입의 위대함과 즐거움에 대해 이야기하는 책 《딥 워크(Deep Work)》의 저자인 조지타운 대학 컴퓨터공학과 조교수 칼 뉴포트는 우리의 일상이 얼마나 SNS를 비롯한 스마트폰으로 인해 방해받고 있는지에 대해서 이야기한다. 우리가 일을 하다가 수시로 SNS에 접속하고, 친구와 회사에서 오는 메시지를 확인해 보는 건 업무에 영향을 주지 않을 것처럼 보이지만, 실제로 이는 업무를 하는 데 있어 극도로 해롭다. 저자의 단어를 그대로 사용하면 '주의잔류물' 때문이다. 아주 짧은 시간 동안 페이스북을 본 후에 다시 원래 하던 일로 돌아가도 주의력의 일부는 페이스북에 남는다. 우리의 뇌는 바로 작업 전환이 되지 않기 때문이다.

예를 들어, 고려시대의 문화에 대해서 공부를 하고 있다가, 스마트폰에서 친구가 콘서트장에서 올린 SNS를 보았다고 치자. 친구의 사진을 본 뒤 다시 바로 고려시대 이야기로 돌아가서 집중하는 것이 가능하겠는가. 아마 대부분은 공부를 하다가 중간에 친구의 사진이 생각나면서 '아, 나도 공연 보고 싶다. 고려시대는 무슨, 내년에는 나도 공연 많이 가야지. 친구가 다음에는 싸이 공연 간다 했었지? 싸이 콘서트가 얼마

인지 우선 알아볼까? 공부를 할 때에는 확장되지 않던 사고가 마구 확장되면서 머릿속을 어지럽혀 놓기 십상이다. 그리고 무의식적으로 나의 손가락은 검색창에 '싸이 콘서트'를 검색어로 넣고 있을 것이다.

《세계미래보고서 2055》에 의하면 스마트폰 사용자들은 하루 평균 스마트폰을 220번 확인한다고 한다. 피크타임에는 6~7초 간격으로 확인한다고 하니 우리의 모든 일상이 스마트폰과 함께 이루어지고 있다고 해도 무리가 없을 것 같다. 집중과 몰입이 없는 우리의 삶은 어떻게 굴러가게 되는 걸까? 우리야 이미 성인이 되었다지만, 아직 뇌가 형성 중인 아이들의 생활에 이런 스마트폰 사용이 침투된다면 과연 어떤 일이 벌어지게 되는 걸까?

집중과 몰입이 사라진 우리의 삶을 살펴보는 일은 매우 쉽다. 일단 우리 자신부터 보자. 몇 달 전부터 하려고 마음먹은 일, 벌여 놓은 일 중에 마무리되지 않은 일이 쌓여 있다. 우리는 지금도 여전히 해결되지 않는 문제와 씨름을 하고 있다. 금방 마무리할 수 있는 일도 미루고 미룬다. 그러나 네이버 뉴스는 빼놓지 않고 스마트폰으로 챙겨 본다.

아이들은 어떠한가. 아이들은 숙제를 한다고 하고서는 잠잘 시간이 다 되도록 그 과제를 끌어안고 있다. 무엇인가를 학습한 후에 5분만 복습을 하면 학습효과가 높아지는 것을 알지만 하지 않는다. 대신 수업이 끝나면 바로 스마트폰을 습관처럼 꺼내든다. 공부에 집중하지 못하는 것이 예전에는 단순히 아이들의 집중력 문제라고 치부되었지만 이제는 그렇게 말하기에는 시선을 빼앗아가는 환경적인 요소가 너무나도 많다. 스마트폰으로 생기는 주의잔류물로 인하여 아이가 집중하기 힘들어한다면, 아이들이 과제 하나를 끝까지 수행하는 것을 힘들어한다면 부모가 나서야 할 때이다. 스마트폰이 없는 환경에서 아이들이 집중해서 본인의 일을 마무리 지을 수 있게 도와주자. 아이는 숙제를 끝내지 못하는 것이 자신의 탓이라며 자책하고 있을 수도 있다. 부모가 나서서 스마트폰이 없는 환경에서 아이가 주의잔류물에서 해방되어 몰입과 집중의 상태에서 공부할 수 있게 도와주자.

인터넷 검색으로 멍청해지는 사람들

일본에서 학생 퀴즈쇼를 보고 있었는데 사회자가 모나리자를 그린 사람의 이름을 물어보았다. 이 세상에 레오나르도 다빈치를 모르는 사람이 있을까 싶어, 당연히 점수를 주기 위한 문제라고 생각하였는데 아뿔싸 대부분의 청소년은 '레오나르도 다빈치'라는 답을 하지 못했다. 그들의 머릿속이 아마 '구글에서 검색해 보아야지'로 가득 차 있기 때문일 것이다. 이런 프로그램의 예시를 들지 않아도 친구에게 "너 저번 달에 재미있게 봤다는 그 영화 제목이 뭐지?"라고 물어보면 "아, 생각이 안 나, 잠시만"이라는 대답과 동시에 스마트폰을 꺼내들며 "네이버에서 찾아볼게"라고 답하는 걸 심심치 않게 볼 수 있다.

인터넷의 등장으로 우리는 너무나 쉽게 정보를 찾을 수 있게 되었다. 예전 같으면 백과사전을 뒤지고, 전문서적을 찾고, 선생님을 찾아가 물어보기도 했던 일들을 이제는 아주 간단하게 '검색어'만 치면 답을 얻을 수 있게 된 것이다. 그러한 인터넷의 즉각성이 손에 들고 다닐 수 있는 스마트폰과 만났으니 말 그대로 정보는 '언제 어디서든 바로 구할 수 있는 것'이 되어 버린 셈이다. 그러니 우리가 이것들을 굳이 머릿속에 입력할 필요가 있겠는가.

버밍엄 대학의 연구를 보면 인터넷 실시간 검색이 활발해지면서 인간의 장기기억이 나빠지고 있다는 것을 알 수 있다. 6천 명의 성인을 대상으로 유럽에서 진행된 연구인데, 3분의 1 이상이 정보를 찾을 때 관련 지식을 떠올리는 것이 아니라 '인터넷 검색'을 가장 먼저 떠올린다는 것이다. 내가 알고 있는 지식을 연결해서 답을 찾으려는 과정 없이 바로 '검색해야지'라는 구조로 뇌가 바뀌고 있는 것이다. 그러나 버튼을 누르면 나오는 이러한 검색 정보는 뇌에서 금방 잊힌다. 이런 행동 패턴이 반복·지속되면 기억력에도 악영향을 끼칠 수밖에 없다. 뇌는 사용하는 부분이 계속 활성화되고, 사용하지 않는 부분은 쇠퇴되기 마련인데 기존의 지식을 떠올리는 과정이 사라짐으로써 장기기억이 나빠지고 있는 것이다.

영국에서 성인을 대상으로 설문조사를 하였는데 자신의 집 전화번호를 기억하는 이는 45%에 불과했다. 자식의 전화번호를 기억하는 이는

29%였고, 자신의 직장 번호를 알고 있는 직장인은 43%밖에 되지 않았다. 배우자의 전화번호를 기억하는 사람도 51%에 불과했다. 이쯤 되면 우리는 뇌를 컴퓨터에 믿고 맡겼다고 말해도 되는 지경에 이른 것 같다.

이를 전문가들은 '디지털 기억상실'이라고 부른다. 디지털 기기로부터 정보를 얻을 수 있다는 믿음에 나의 머리가 아닌 기기에 정보를 저장함으로써 내 머리는 기억을 하지 않아도 된다는 메시지가 머리에 전해지고 실제로도 기억을 잘 하지 않게 되는 것이다.

친구와 분명히 메신저로 대화를 나누었던 부분인데 친구가 그 부분에 대해서 전혀 인지하지 못하고 있는 경험을 종종 한다. 메신저라는 것은 글로 기록되는 부분이기 때문에 뇌에 굳이 그 흔적을 남기려는 노력을 하지 않기 때문이다. 작년에 내 생일을 맞이해, 외모에 신경을 쓰고 친구와 외식을 하러 갔었다. 친구는 나를 보며 이렇게 말했다.

"연주야, 너 오늘 왜 이렇게 꾸미고 나왔어? 머리도 예쁘게 하고 왔네."
"내가 메신저로 오늘 만나자고 이야기하면서 말했잖아. 오늘 내 생일이니까 좋은 데 가자고!"
"아 그래? 몰랐어. 네 생일인지."

실망하지 말자. 우리는 스마트폰이 생기면서 나도 모르게 뇌를 작은 기기에 넘겨 버렸으니까.

Smart Solution - 이렇게 해보세요!

아이들은 궁금한 게 정말 많다. 인지능력이 발달하면서 "왜"라는 말을 하루에 백 번도 넘게 한다. "왜 비가 와요?" "왜 밤이 되면 어두워져요?" "왜 설탕은 나빠요?"

아이들은 쉬워 보이는데 쉽사리 대답할 수 없는 질문을 쏟아낸다. 혹시 이런 질문에 답하기 위해 스마트폰을 사용하고 있는가? 아이에게 특정 지식을 전달하기 위해서 스마트폰이나 태블릿 PC를 사용하고 있는가? 어린아이들의 교육은 되도록 아날로그적인 방법으로 접근하는 것이 좋다. 왜 그러한지, 어떻게 하면 아이들의 뇌를 스쳐지나가는 것이 아닌 저장이 되는 정보를 줄 수 있는지 알아보자.

첫째, 아이가 내가 모르는 것을 물어봐도 스마트폰으로 검색하여 답해 주지 않기

아이가 "번개는 어떻게 반짝거려요?"라고 물어봤다고 치자. 답을 할 수 없다면 솔직히 모른다고 답을 하고 함께 책을 찾아라. 아니면 아이가 안 볼 때 검색을 하고 내 목소리로 알려 주어라. 검색을 하고 아이에게 바로 알려 주면 내 머리에도 남지 않고 아이의 머리에도 남지 않는다. 함께 고민하고 답을 찾아가는 과정을 즐겨라. 책이나 부모와의 대화로 답을 찾으면 신기하게도 아이는 기억을 정말 잘한다. 부모와 함께 고민하고 답을 찾는 과정에서 뇌에 흔적을 많이 남기기 때문이다. 반면, 스마트폰을 활용해서 답을 찾아서 알려 주면 아이의 뇌에 저장이 되지 않는다. 그 순간에만 정보의 갈증이 풀릴 뿐 머릿속에는 전혀 남지 않는다. 공부는 순간 이해하거나 순간 암기로 이루어지지 않는다. 책을 찾고 부모와 함께 생각하고 토론하면서 뇌에 여러 가지 흔적을 남겨야 머리에 남아서 나중에 필요할 때 인생에서 활용할 수 있는 것이다.

둘째, 공부를 하거나 정리를 할 때에는 종이와 펜 사용하기

한 실험에서 참가자들이 여러 문장을 읽고 키보드로 컴퓨터에 입력을 하게 했다. 그런데 이 과정에서 실험 참가자의 절반은 입력한 문장이 컴퓨터에 모두 저장된다고 들었고, 나머지 절반은 입력한 내용이 바로 삭제될 것이라고 들었다. 문장 입력 후 참가자들에게 종이를 나눠 주면서 앞의 문장을 최대한 많이 쓰게 했는데, 입력 내용이 곧 삭제될 것이라고 들은 집단의 사람들은 문장을 거의 다 기억을 하고 있었고, 반대로 입력하는 문장이 컴퓨터에 저장될 것이라고 들은 사람들의 기억력은 떨어지는 것으로 나타났다. 컴퓨터에 저장돼서 다시 찾아볼 수 있을 것이라는 생각이 우리의 집중과 기억을 앗아간 것이다. 그러니 공부할 때에는 손으로 펜을 들고 하는 것이 가장 좋다.

아이와 글씨를 익히는 활동을 할 때도 반드시 종이와 펜을 사용하자. 저장된 정보를 수동적으로 보는 것이 아니라, 지금 익히지 않으면 다시

이 정보를 접하지 못한다는 생각이 들면 자연스레 암기력과 집중력도 좋아진다. 요즘 잘나가는 유아동 도서는 디지털 기기를 달고 있다. 디지털 기기를 활용하면 아이가 화면에서 눈을 떼지 않기 때문에 더 집중하는 듯 보이지만 그것은 부모의 만족에 불과하다. 아이는 디지털 기기를 사용하면 수동적으로 지식을 받아들이며, 기기에 정보가 언제든지 있다는 생각에 뇌를 풀가동시키지 않는다. 노트와 펜을 들고서 진짜 공부다운 공부, 기억에 남는 활동을 하자.

셋째, 자녀가 유치원생 이상이라면 함께 의논해서 공부 집중 시간 정하기

미국과 영국의 유명한 언론사 허핑턴포스트는 업무 시간이 끝나면 모든 기기의 전원을 끄게 하여 직원들의 큰 호응을 받고 있다. 업무 종료 후에는 직원들이 가족, 연인과 온전히 시간을 보낼 수 있도록 휴대폰뿐 아니라 모든 전자기기의 전원을 끄게 한 것이다.

우리도 공부에 집중하기 위해서는 허핑턴포스트처럼 노는 시간과 공부하는 시간의 구별이 필요하다. 4시부터 5시까지는 쉬는 시간이라고 계획하였다면 마음껏 스마트폰을 하든, 친구와 축구를 하든 자유이다. 하지만 5시부터 6시까지가 학습 시간이라면 스마트폰을 공부하는 곳에서 보이지 않는 장소에 놓는 것부터 시작하자. 공부에 집중할 수 있는 환경을 최대한 만들어 최대의 학습 성과를 내는 즐거움을 느껴 보아라.

아이들이 집중할 수 있도록 부모의 도움이 필요하다. 아이들이 약속을 지켜서 스마트폰 없이 공부에 집중하는 모습을 보이면, 혹은 성공하지는 못했어도 조금이라도 노력하는 모습을 보이면 그 과정이라도 칭찬하자. 조금씩 방해요소 없이 공부에 집중하는 시간을 늘려나가다 보면 아이들도 집중의 즐거움, 몰입의 즐거움이라는 새로운 즐거움을 경험하게 될 것이다.

key point!

* 아이가 내가 모르는 것을 물어보아도 스마트폰 검색을 이용하여 답을 주지 말자. 아이와 함께 책을 찾아보고, 만나는 사람에게 물어보면서 답을 찾는 과정에서 아이의 뇌에 최대한 많은 흔적을 남기자. 그러면 아이는 그 정보를 오래도록 기억할 것이다.

* 공부하면서 기록, 정리를 할 때에는 전자기기가 아닌 종이와 펜을 사용하자. 전자기기에 저장하는 순간 머릿속에 저장할 필요를 상실하여 암기력이 떨어진다.

* 공부 집중 시간을 정해서 스마트폰의 방해 없이 오로지 공부에만 집중할 수 있는 환경을 만들자. 그 시간을 점차 늘리면서 스마트폰 없는 공부환경에 익숙해지자.

Chapter 5
우리 아이도 설마 5초 인내심?

두 달 동안 스마트폰 없이 살아보기

나는 두 달 정도 스마트폰 없이 살았다. 딸이 폰을 떨어뜨려서 전원이 켜지지 않게 되었는데 귀찮아서 수리를 하지 않고 하루 이틀 보냈다. 그런데 의외로 너무 편하고, 마치 몸무게가 빠진 것처럼 몸이 가볍게 느껴졌다. 그래서 그 뒤로 일부러 수리하지 않고, 폰이 없는 상태로 살았다.

이 책을 쓰기 위해 억지로 스마트폰을 멀리하던 때가 있었는데 쉽지 않았다. 예를 들어 '오늘 내가 좋아하는 악동뮤지션 신곡이 나온다고 했는데 관련 기사가 나왔을 거야. 한 번 봐야지'라고 생각을 하다가도 아장아장 걷고 있는 딸을 보고서는 억지로 참았다. '악동뮤지션 신곡은 이따가 밤에 들으면 되잖아. 지금은 딸이랑 신나게 놀자고!'라며 나를 매번 설득해야 했다. '스마트폰 사용을 줄이자'라는 내용으로 책을 쓰고 있는 나조차 스마트폰을 안 쓰기 위해서 내면의 나와 매순간 싸워야 했다. 하루에도 몇 번씩 스마트폰은 나를 유혹한다. 스마트폰은 나에게 이렇게 속삭인다.

"아이의 눈을 보지 마, 나를 켜봐. 내가 즐겁게 해줄게. 네가 좋아하는 박기영 노래 20초짜리 영상 나왔어. 한 번 들어봐. 애들은 항상 집에 있고 네 옆에 있는데 뭐 어때, 얼른 동영상을 보라고, 노래가 궁금하지 않아?"

혹은 이렇게 속삭이기도 한다.

"저번에 만난 친구 요즘 뭐하고 사는지 안 궁금해? 복직했을 텐데. 한 번 연락해 봐. 그 친구 페이스북 하잖아. 블로그도 하던데, 얼른 페이스북도 보고 블로그도 본 다음에 카톡으로 말도 좀 걸어 봐. 카톡하는 게 뭐가 힘들다고 안 하는 거야?"

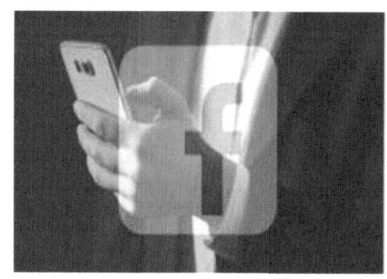

나는 이런 나와의 싸움에 주로 이기긴 했지만, 싸움 자체가 없어지지는 않았었다. 그런데 딸 덕분에 스마트폰이 고장 나니 싸울 필요 자체가 없어진 것이다. 내면의 평화가 찾아왔다. 그래서 마음먹은 것이다. '진짜 스마트폰이 없는 세상을 살아보자. 이렇게 최대한 오래 살아보자.'

스마트폰을 잃은 대신 얻은 내면의 평화

스마트폰이 없으면 삶의 많은 부분이 바뀔 것 같지만 사실 폰이 있을 때나 없었을 때나 내 삶에는 별 차이가 없었다. 하지만 내면에는 많은 변화가 있었다. 원래 조급한 성격이었던 내가 아주 눈에 띄게 느긋해진 것이다. 그리고 인내심이 생겼다. 무슨 일이든 더 잘 기다릴 수 있게 되었다.

스마트폰이 있었을 때는 딸의 기저귀나 물티슈를 주문할 때 기저귀가 3~4개 남을 때까지 기저귀 주문을 미루고 미루다가 밤에 자기 전에 급하게 당일배송으로 주문하곤 했다. 그리고 그 다음날 아침이 되면 시계를 보면서 언제 오나 혹시 오늘 안 오면 어떻게 하나 시계와 폰을 번갈아 가면서 확인하며 택배를 기다렸다. 택배 기사에게 전화해서 왜 약속한 시간이 지났는데 안 오냐고 화를 내기도 했다. 기저귀가 모자라서 똥 기저귀에 있는 똥을 탈탈 털어내고 다시 아이에게 채울 지경이었으니 새 기저귀가 오기만을 오매불망 기다렸다. 도착 예상 시간이 겨우 30분 지나도 택배 기사에게 화가 날 수밖에 없었던 것이다. 지금 생각해 보면 매우 부끄러운 일이다.

스마트폰으로 주문하면 바로 온다는 생각 때문에 늘 기저귀를 모조리 쓸 때까지 주문하지 않았던 내가 기저귀가 몇십 개 남아 있어도 미리 여유 있게 주문을 하게 되었다. 택배가 늦어도 전화할 수가 없고, 폰으로 쉽게 사이트에 들어가서 배송확인을 하기도 번거로우니 미리 필요한 제품을 주문한다. 그리고 어차피 폰으로 언제 오는지 확인할 수 없으니 여유 있게 기다린다. 그러다가 택배로 주문한 제품이 도착하면 얼마나 기쁜지, 스마트폰 하나가 없어진 것인데 내 삶은 여유로움으로 가득 찼다.

아이가 태어난 후 평온했던 내 삶이 너무 빡빡하게 느껴지고 워킹맘으로 숨 가쁘게 일까지 하며 아이를 키우느라 허덕이고 있다면, 한두 달만 스마트폰을 사용 중지해 봐라. 회사에서 사용해야 한다면 일하는 시간에만 폰을 사용한 후 회사에 두고 오든가, 집에 와서 전원을 끄고 방 구석에 보이지 않게 놓아 보아라. 초반에는 조금 불안하겠지만 곧 한숨을 돌릴 여유를 느낄 수 있을 것이다. 나는 스마트폰 없는 두어 달을 지낸 후 아이 키우는 게 세상에서 제일 힘들다는 주변 친구들에게 스마트폰 사용 중지를 수도 없이 권했고, 그중 나의 의견을 받아 준 3명의 친구는 육아가 예전보다 훨씬 덜 부담스럽고 즐거워졌다고 입을 모아 이야기했다.

여유롭게 바뀐 나의 모습을 가장 반가워해 준 것은 남편이다. 조급해하지 않으니 옆에 있는 자신도 마음이 편안하다는 것이다. 옆 테이블에 있던 아이가 가지고 놀던 장난감이 탐난다며 종일 검색해서 필요 없는 물건을 시간 낭비해가며 갑자기 구매하는 일도, 차 안에서 폰으로 폭풍 검색한 후 새로운 맛집을 발견했다며 급하게 행선지를 변경하는 일도, 인터넷 연예뉴스를 실시간으로 보면서 내가 좋아하는 배우가 여자친구가 생겨서 슬프다고 징징대는 일도 사라지면서 우리 가정에 평화가 찾아왔다.

스마트폰으로 모든 것이 더 빨라진 세상

스마트폰으로 금방 답을 찾고, 원하는 정보를 바로 얻을 수 있게 되면서 이미 '빨리빨리' 문화가 만연해 있던 우리 사회는 더욱 빠른 속도에 익숙해지게 되었다. 스마트폰을 항상 가지고 다니니, 궁금한 게 있으면 바로 검색해서 답을 얻고, 갑자기 머릿속에서 좋아하는 가수가 떠오르면 검색해서 그의 노래를 듣고, 친구 생일이 갑자기 궁금해져서 메신저로 친구에게 말을 걸어서 인사를 나누고, 길 가다 A군을 닮은 사람을 보니 A군이 어떻게 지내나 궁금해져 페이스북에 들어가 그의 근황을 본다. 이렇게 모든 질문과 궁금함을 바로바로 해결하다 보니, 바로 해결되지 않으면 짜증이 나고, 화가 나고, 불안을 느끼는 지경에 이르게 되었다.

2016년 미래창조과학부의 '스마트폰 과의존 실태조사' 결과에 의하면, 스마트폰 과의존 위험군이 보이는 심리사회적 부작용 특성으로 외로움이 36.4%, 불안 28.1%, 우울 25.9%, 분노 24.2%으로 나타났다. 스마트폰 의존도가 올라가면 갈수록 우리는 빠른 해결에 익숙해지기 때문에, 실제로 나의 문제나 사회의 문제들이 바로 해결이 되지 않으면 불안하고 화가 나는 상태가 되는 것이다.

10년 넘게 카페를 운영하고 있는 내 친구는 최근 스마트폰으로 달라진 '퇴사문화'를 말해 주었다. 4~5년 전에는 일을 그만두기 전에 사장인

자기에게 와서 일하는 데 느끼는 어려움이나 일을 그만두는 이유 등 자신의 상황에 대해서 미리 이야기해 주고 다음 직원이나 아르바이트생을 뽑을 때까지 일하고 그만두었다고 한다. 그런데 요즘은 손님하고 싸우고 나면 그 다음날 아무 말 없이 출근을 안 하기도 하고, 출근 30분 전에 메신저로 '저 오늘부터 일 안 합니다'라고 메시지를 보내는 일도 많아졌다고 한다. 문제가 생기면 서서히 풀어나가려 노력하거나 조언을 구하는 것이 아니라 즉각적으로 그만두거나 연락을 끊어 버리는 것이다.

최근의 한 조사도 재미있는 결과를 보여 준다. 충북대 식품영양학과 배문경 교수팀이 진행한 조사로 초등학생 대상으로 스마트폰 사용실태와 식습관, 생활습관 등을 분석한 것이다. 연구 결과를 보면, 스마트폰 사용 시간이 두 시간 이상인 어린이는 아이스크림, 패스트푸드, 탄산음료에 대한 선호도가 높았다. 그리고 스마트폰 사용 시간이 하루 두 시간 미만인 어린이는 아이스크림을 주당 2.63회 섭취하는 데 비해 두 시간 이상 사용하는 어린이는 주당 3.6회를 섭취했다. 그리고 라면 등 국수류와 패스트푸드 섭취횟수도 두 시간 미만 사용자는 각각 1.43회, 1.05회이지만 두 시간 이상 사용자는 1.74회, 1.2회로 보다 높은 수치를 보였다. 한마디로 스마트폰을 많이 사용하는 어린이일수록 몸에 좋지 않은 음식, 빨리 익혀서 빨리 먹을 수 있는 음식을 먹는 횟수가 많다는 것이다. 스마트폰의 바로 답을 보여 주는 속성이 식습관에도 영향을 준 것이다.

5초도 기다리지 못하는 사람들

대부분의 사람은 인터넷 사이트를 열 때 조금이라도 로딩이 길어지면 바로 다른 사이트로 이동하고, 자료를 다운받는 데 시간이 오래 걸린다고 느끼면 얼른 닫고 다른 사이트로 이동한다. 인터넷이 빨라지면 빨라질수록 사람들의 인내심은 점점 더 줄어들고 있다. 이를 객관적으로 보여 주는 흥미로운 연구가 있다. 연구 주제는 '사람들은 동영상을 보기 위해 얼마나 기다릴 수 있을까?'이다.

2012년 매사추세츠 대학의 라메시 시라타만(Ramesh Sirataman) 교수가 2천 300만 개의 동영상과 그것을 재생한 670만 사용자 데이터를 조사한 연구에 따르면 2초 이내에 동영상이 재생되지 않으면 사용자는 뒤로 가기 버튼을 눌러서 나가기 시작했으며 5초가 지나니 20%가 넘는 사용자들이 해당 사이트를 나갔다. 2006년에는 4초까지 기다렸다가 해당 사이트가 열리지 않으면 떠나기 시작했는데 몇 년 사이에 인내심이 반으로 줄어든 것이다. 이에 전문가들은 '인터넷이 빨라질수록 사람들의 인내심은 줄어든다'라고 설명했다.

이제 바야흐로 5G의 시대가 올 것이다. 4차 산업혁명이라 불리는 5G는 데이터 전송속도가 초당 20Gbps 이상이며 지연속도는 0.001초 이하다. 현재의 인터넷 속도보다 약 250배에서 1,000배까지 빠르며, 영화 한 편을 1초 만에 다운받을 수 있다. 아무리 용량이 큰 영화도 20초

내에 다운받을 수 있다. 인터넷 속도가 빨라지면 그만큼 우리의 인내심도 줄어들 것은 불 보듯 뻔한 일이다.

노벨경제학상 수상으로 유명해진 제임스 해크먼 시카고대 교수는 우리나라 경제정책 컨퍼런스에서 "인생의 성공은 성격과 인내심이 좌우한다"라고 말하며 인내심의 중요성을 강조했다. 그리고 유아교육에서 8세까지는 그 모든 활동보다 책 읽기가 가장 중요하다고 하였다. 스마트폰 사용은 아이의 책읽기를 방해할 뿐 아니라 인내심을 없애는 활동이다. 아이의 성공을 위해서 스마트폰 사용을 줄여서 조급증이 몸에 배지 않도록 부모가 함께 노력하는 수밖에 없다.

마시멜로 실험으로 보는 아이들의 인내심

세계적으로 유명한 '마시멜로 실험'을 기억하는가? 유치원에 다니는 만 4세 아이 653명을 대상으로 눈앞에 있는 맛있는 마시멜로를 15분간 먹지 않고 기다리면 마시멜로를 1개 더 주는 아이들의 인내심을 테스트하는 실험이다. 이때 아이들은 실험진행자에게 충분히 설명을 듣고 방 안에 혼자 마시멜로 한 개와 함께 남겨진다. 15분을 먹지 않고 잘 참아서 한 개의 마시멜로를 더 받은 아이는 전체 학생의 30%였는데, 14년 후에 연구진은 아이들의 추적하여 마시멜로를 기다린 30%의 아이들과 참지 못하고 먹어치운 70%의 아이들의 삶을 비교하였다.

결과를 듣고 놀라지 마시길! 이들의 SAT(미국의 수능으로 당시 1,600점 만점) 점수 차이는 무려 210점이었다. 더욱 믿기 어려운 사실은 참지 못하고 마시멜로를 먹은 아이들 중에서도 참은 시간이 짧았던 아이일수록 학교에서 정학 처분을 받은 빈도가 높았고, 약한 아이를 괴롭힌 일도 잦았다는 것이다. '인내심'의 차이가 이렇게 인생에 큰 영향을 미친다는 사실을 알게 된 세상 사람들은 모두 이 실험에 놀랐다. 연구진들은 이를 두고 '만족 지연 이론'이라 부르면서 만족을 지연시킬 줄 아는 힘을 가진 사람이 성공할 수 있다고 하였다. 이 실험 이후 충동을 억제하고, 당장의 욕구를 지연시킬 줄 아는 '인내심'에 많은 이들이 관심을 가지게 되었다.

스마트폰이 우리 아이들의 인내심을 앗아가고 있다는 사실을 기억하는가? 우리 아이들이 학교에서 자기보다 약한 아이를 괴롭히지 않는 인성이 바른 아이로 자라기를 원한다면, 수능에서 보다 높은 점수를 받는 아이로 자라기를 원한다면, 지금 당장 아이와 스마트폰의 관계를 개선해야 한다. 스마트폰 없이도 아이들은 잘 지낼 수 있다. 스마트폰을 멀리함으로써 바닥난 인내심을 다시 되찾아 주자.

요즘 우리 아이들은 감을 따와서 껍질을 벗긴 다음에 곶감을 만들어 먹는 재미에 빠져 있다. 아침에 베란다로 가서 곶감이 익었는지를 확인하는 것은 아이들이 가장 좋아하는 일이다. 처음에는 아직 안 익었다고 말해도 못 기다리고 떫은 감을 먹던 아이들이 이제는 기다림 끝에 얻는 달콤함을 알기 때문에 잘 기다린다. 곶감이 익지 않았다고 하면 아쉬워하지만 징징거리거나 고집부리지 않고 기다릴 수 있게 되었다. 인내심도 부모의 도움과 연습으로 충분히 키울 수 있다. 우리 아이에게 스마트폰이 아닌 인내심을 주는 부모가 되자.

껍질을 벗겨 놓으면 10일 정도를 기다려야 하는 곶감.
아이들은 가끔 만지긴 하지만 10일을 잘 참고 기다렸다가 먹는다.

조급함 때문에 병이 생긴다고?

조급함은 일을 빨리 추진하게도 하지만 대개 문제를 더 많이 불러일으킨다. 무엇보다 우리의 건강에 좋지 않다.

1950년대 말 심장병 전문의인 프리드먼과 로즈먼은 스트레스가 우리 몸에 얼마나 치명적인지 연구했다. 그러나 스트레스만으로 심장병을 설명할 수 없다고 판단했다. 그래서 협심증, 동맥경화증, 뇌출혈, 뇌졸중, 중풍, 심장마비와 같은 관상동맥질환을 앓는 환자를 유심히 관찰한 결과, 상당수의 행동양식에 특징이 있다는 사실을 발견했다. 그들은 시간이 부족하다고 생각하며 인내심 없이 조급한 행동을 나타냈고, 경쟁심이나 사회적 야심과 같은 투쟁적 태도를 보였으며 분노나 공격성과 같이 타인과 불협화음을 내는 행동학적 특징을 나타냈는데, 이러한 성격을 A유형이라 규정했다. 심장병을 앓았던 60세 이하 성인 남성의 90퍼센트 이상이 A유형의 변종이라는 사실도 연구로 증명했다.

이에 근거해 건강상태가 양호한 약 3,500여 명의 사람들을 대상으로 무려 8년 반 동안 추적해 관찰한 결과, 이들은 행동이 급하지 않고 매사에 적대적이지 않으며 시간에 쫓기지 않았다. 차분하고 인내심이 있었다. 이들에 비해 급하고 공격적인 A유형의 사람들에게서는 관상동맥질환이 두 배나 더 많이 발생하였다. 최근에도 심장 관련 질환으로 고통받거나 사망하는 숫자는 매년 증가하는 추세이다.

2012년 전체 사망자 가운데 가장 많은 원인을 차지한 것은 암이었고, 심장질환, 뇌혈관질환이 차례로 뒤를 이었다. 40~50대 중년층에서 심장 돌연사가 크게 늘었고, 젊은 층에서도 비만과 당뇨, 고혈압 등으로 인한 심장질환이 늘고 있다. 인터넷이 우리의 삶에 깊숙이 침투하기 시작한 시기와 함께 심장질환도 증가하기 시작했다. 인터넷의 즉각적이고 자극적인 속성이 우리 몸속에도 그대로 침투한 것이다. 인터넷 사용이 스마트폰으로 더욱 일반화되면서, 심장질환 사망자 수도 꾸준히 증가하여서 2012년부터 2위로 자리 잡았다. 가장 최근 조사인 2015년 조사에서도 여전히 암에 이어 사망원인 2위는 심장질환으로 나타났다.

병이라는 것의 특성상 원인을 한두 가지로 꼽을 수는 없지만, 조급함이라는 것은 잠깐 머무는 것이 아니라 우리의 일상 전반에 항상 함께 하는 것으로 매일매일 부정적인 영향을 끼치고 있고, 이것이 일 년, 이 년, 십 년, 이십 년 영향을 미친다는 것을 생각하면 절대 무시할 수 없다. 이제 당신의 선택이다. 틈이 날 때마다 스마트폰 화면을 손가락으로 누르면서 왜 이 웹페이지는 빨리 열리지 않느냐고 생각하며 짜증을 낼 텐가, 아니면 잠시 스마트폰을 내려두고 하늘을 바라볼 것인가. 조급함이 당신의 심장에 악영향을 끼치고 목숨을 위협하는데도 미간을 찌푸리며 손가락으로 화면을 두드리고 있을 것인가.

Smart Solution - 이렇게 해보세요!

아이에게 "빨리 와, 얼른, 늦었어. 빨리빨리"라는 말을 입에 달고 살고 있지는 않은가?

이는 부모인 우리가 스마트폰 세상에 익숙해졌기 때문이다. 부모가 먼저 서두르지 않고 차분한 모습을 보여 준다면 아이들도 부모에게 여유로운 모습, 차분한 모습을 보여 줄 것이다.

나는 아이들을 달달 볶지 않는다. 간혹 밥을 먹을 때, 옷을 입을 때 아이들을 재촉하는 부모들이 많다. 하지만 아이들의 입장에서는 밥을 빨리 먹을 이유도, 옷을 빨리 입어야 할 이유도 없다. 엄마 또는 아빠가 빨리 밥상을 치우고 싶고, 옷을 빨리 입혀서 유치원에 보내고 싶은 것이지 아이들의 입장에서는 서둘러서 해야 할 이유가 없는 것이다. 그래서 대부분의 부모는 느릿느릿하고 서투른 아이를 보고만 있기에 답답하여, 밥을 손수 떠먹이고 옷도 손수 입혀 준다. 부모가 마음의 여유를 갖고 기다리면 아이들은 스스로 해낼 수 있는 일인데도 말이다.

생각보다 아이들은 신비롭고 능력이 많은 존재이다. 부모가 조급해하지 않고 인내심을 갖고 기다리면 아이들은 보다 많은 능력을 발휘할 것이다. 스마트폰 때문에 조급해진 우리 부모의 마음을 어떻게 개선시킬 수 있는지, 부모의 인내심, 아이의 인내심 그리고 여유로운 마음을 어떻게 키울 수 있는지 작은 실천 방법을 알아보자.

첫째, 스마트폰을 사용하지 않는 환경, 스마트폰이 보이지 않는 환경을 만들기

앞서 소개한 마시멜로 실험보다 더욱 흥미로운 실험이 있다. 마시멜로 후속 실험이다. 마시멜로 실험이 엄청나게 인기를 끌자 많은 가정에서 자신의 아이를 상대로 가정에서 마시멜로 실험을 했고 많은 부모들은 실망했다. 자신의 자녀가 마시멜로 앞에서 생각보다 쉽게 무너진 것이다. 그런데, 여기 아이에게 실망한 부모에게 희망이 되는 실험 결과가 있다. 바로, 80년대에 있었던 두 번째 마시멜로 실험이다. 60년대의 첫 번째 실험과 모든 것이 동일하고 몇 가지만 달랐다. 아이 앞에 남겨놓은 마시멜로 그릇에 뚜껑을 덮은 것이다. 뚜껑을 닫아서 마시멜로가 아이 눈에서 안 보이게 한 것이 얼마나 효과가 있었을까?

이 실험으로 아이들이 기다리는 시간은 약 두 배나 길어졌다. 뚜껑을 덮지 않았던 실험에서는 평균 6분 이하를 기다린 아이들이 뚜껑을 덮자 11분 이상을 기다린 것이다. 기억하는가? 첫 번째 실험에서 오래 기다린 아이들은 마시멜로를 보지 않으려고 손으로 눈을 가리거나, 천장을 쳐다보는 등 여러 가지 행동으로 스스로 자제력을 발휘하였다. 이와 달리 후속 실험에서는 아이들이 마시멜로를 보지 않도록, 참기 쉬운 환경을 조성해 주었다.

여기에서 부모의 역할을 알 수 있다. 부모가 아이들의 눈앞에서 마시멜로만큼 달콤한 스마트폰을 하는 모습을 보이지 않는 등 아이들의 일상으로 스마트폰이 들어오지 않도록 환경을 만들어 준다면 아이들은 충분히 인내력을 키울 수 있다. 어린아이들은 주로 부모의 스마트폰, 부모의 아이패드 등을 사용한다. 아이들의 인내심을 길러주고 싶다면 스마트폰과 아이패드는 아이의 시야에 보이지 않는 곳에 놓아라. 이미 아이가 폰에 빠진 상태라면, 엄마 아빠의 역할은 더욱 중요하다. 부모도 아이 앞에서만큼은 절대로 스마트폰을 사용하지 않아야 한다. 아이에게 마시멜로인 스마트폰이 보이지 않는 환경을 만들어 준다면, 아이는 스마트폰의 유혹을 훨씬 잘 이겨낼 수 있을 것이다.

둘째, 스마트폰 없이 천천히 걸으며 산책하기

　스마트폰 사용을 줄이는 것이 가장 확실한 방법이지만, 당장 줄이기 힘들다면 '자연'을 활용해서 마음의 평화를 찾자. 즉, 공원이나 숲길을 천천히 걸으며 산책하는 것이다. 몬타나 대학교의 연구를 보면 캠핑을 가거나 도보여행을 하는 것은 중독문제를 해결하는 데에도 도움이 된다고 한다. 사람들이 자연에 노출되면 사람들이 덜 충동적으로 행동하고, 스스로를 잘 통제할 수 있게 되기 때문이다.
　캠핑이나 도보여행처럼 아예 자연을 벗 삼는 여행을 떠나버리면 가장 효과적이겠지만 현실적으로 어렵다면, 가까운 자연을 찾으면 된다. 자연을 보면서 걷고, 신선한 공기를 마시는데 급할 게 있겠는가. 자연은 내면에 평화가 스며들 수 있는 최적의 조건이다. 자연 속에서 아주 천천히 때로는 빠르게 아무 생각 없이 걷는 것에만 집중해 보자.

이때 스마트폰과 함께 산책하는 것은 절대 금지다. 스마트폰은 집에 놓고 손목시계를 차도록 하자. 스마트폰이 손에 있는 동안 당신은 아이가 나뭇잎 하나를 보고도 좋아서 까르르 웃는 그 예쁜 모습을 놓칠지 모른다. 이제 스마트폰은 내려놓고 아이와 함께 행복해하며 웃어라. 개미 한 마리만 보아도 좋아하는 아이를 보고 함께 좋아해라.

셋째, 자연 그림과 사진을 곳곳에 두기

스마트폰 사용을 줄이는 것도 어렵고, 걷는 것마저 귀찮다면 자연을 그린 그림이나 사진을 보아도 효과가 있다. 어떤 방법을 통해서든지 자연의 이미지를 많이 눈에 담자.

자연 이미지가 충동성 완화에 어떤 효과를 주는지 연구한 실험이 있다. 45명의 성인을 대상으로 한 실험에서 한 그룹은 자연 이미지를 연

속으로 보여 주고, 다른 그룹은 빌딩, 도로와 같은 인간이 만든 도시 이미지를 연속으로 보여 준 뒤 충동성을 테스트했다. 그 후에 참가자들은 충동성 테스트를 하였는데, 질문은 '바로 50달러를 받겠는가, 나중에 100달러를 받겠는가'와 같은 식이었다. 결과는 어떻게 나왔을까? 자연 이미지를 본 그룹의 충동성 제어 정도가 훨씬 높게 측정되었다. 자연의 이미지를 보는 것만으로도 스스로를 통제할 수 있는 능력이 높아지는 것이다.

내가 추천하는 방법은 스마트폰 뒷면에 자연사진을 하나 프린트해서 붙여 놓는 것이다. 옆의 사진은 내 핸드폰 사진이다. 나도 여전히 스마트폰의 유혹과 싸움 중이다. 유혹을 느낄 때마다 이 사진만 보고 다시 집어넣는 연습을 하고 있다. 이 작은 액션이 생각보다 큰 효과가 있음에 놀랄 것이다. 나의 경우에는 자연사진을 폰 뒤에 넣고 나서 스마트폰 화면을 두드리는 횟수가 급격하게 줄어들었다. 평온한 자연을 보면 마음이 편안해지는 효과가 있다. 자신이 가고 싶은 여행지의 풍경사진을 넣는 것도 좋다. 지인 중 한 명은 좋은 아이디어라고 말하더니 자신의 폰 뒤에 코타키나발루 바다 사진을 넣어가지고 다닌다. 이제는 스마트폰 화면보다 뒤에 있는 사진을 보는 게 더 좋단다.

내 폰 뒷면에 넣은 자연사진. 한 달에 한 번 꼴로 사진이 바뀐다.

우리의 목표는 '올바른 스마트폰 사용'이다. 정말 필요할 때에만 스마트폰을 사용하고, 그 외에는 스마트폰을 우리 손에서 내려놓는 것이다. 조급해지지 않기 위해 의식적으로 노력해야 한다. 세상이 더 빨라지는 만큼 우리는 더 노력해야 한다. 지금 당장 밖으로 나가 산책을 하고, 자연 이미지를 다운받아 보자. 자연을 통해 마음이 점점 편안해지면 자연스럽게 스마트폰으로 자극적인 이미지를 소비하고자 하는 욕구도 사라질 것이다.

key point!

* 스마트폰을 사용하지 않는 환경, 스마트폰이 보이지 않는 환경을 만들자. 마시멜로 후속실험을 보면 아이들의 인내심 강화를 위해 마시멜로가 보이지 않도록 통에 뚜껑을 달아 주었고 그 결과 아이들이 인내하는 시간이 길어졌다. 아이에게 마시멜로인 스마트폰이 보이지 않는 환경을 만들어 준다면, 아이는 스마트폰의 유혹을 훨씬 잘 이겨낼 수 있을 것이다.

* 자연을 활용해서 우리의 내면에 평화로움을 들어오면 스마트폰 사용을 줄일 수 있다. 아이들과 함께 스마트폰 없이 오로지 자연과 아이에 집중하여 산책을 하자. 아이들은 꽃 냄새를 맡고 나뭇가지를 만지면서 생각보다 큰 즐거움을 느낀다.

* 실제 자연이 아닌 자연을 담은 이미지도 중독 치료효과가 있다. 스마트폰 뒤에 자연풍경이 담긴 사진을 넣어서 스마트폰을 만지고 싶을 때마다 화면보다 이미지를 먼저 보자. 이 작은 액션이 생각보다 큰 효과가 있음에 놀랄 것이다. 자신이 가고 싶은 여행지의 풍경사진을 넣어도 좋다.

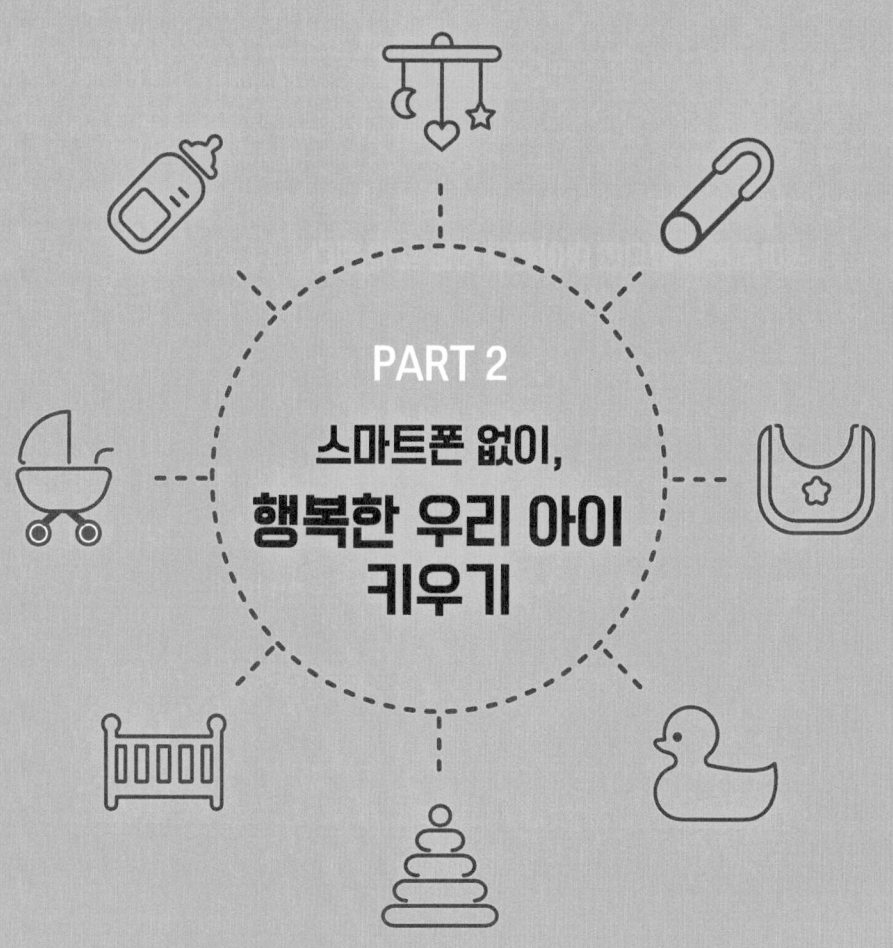

PART 2
스마트폰 없이, 행복한 우리 아이 키우기

Chapter 1

스마트폰 없이 아이와 함께 행복해지는 법

스마트폰이 없으면 아이들의 눈을 보게 된다

　나는 우리 아이들이 깔깔깔 웃으면 너무 행복하다. 그 웃음소리를 들으면 내 몸속에 에너지가 퐁퐁 솟아오르면서, 아이들이 더욱더 예뻐 보인다. 아이들의 웃는 얼굴을 보면 내가 세상에서 제일 행복한 사람이라는 착각이 들기도 한다. 그리고 아이들과 웃고 떠들면 시간이 정말 빨리 흘러간다. 물론 나라고 아이들과 항상 웃는 것은 아니다.

아이들이 서로 물건을 가지고 싸워서 혼내다가 둘 다 울리기도 하고, 둘이 다투는 모습을 보면서 속으로 울기도 한다. 하지만 우리 집에는 대부분 웃음소리 혹은 아이가 떠드는 소리로 가득하다. 우리는 끊임없이 서로에게 웃음을 주고, 서로에게 이야기를 하기 때문이다.

물론 그 중심에는 전자기기를 멀리하는 나의 노력이 있다. 둘째가 갓난아기였을 때 나는 바깥바람을 쐬고 싶은데 멀리가기엔 용기가 안 나서 100일 정도 된 아기를 아기띠를 둘러 안고 첫째를 데리고 동네 카페를 갔다. 오랜만에 분위기 있는 카페에 온 것 자체만으로도 기분이 매우 좋았다. 그런데 첫째가 카페에 와서 간식도 먹고, 가위질도 조금 하고 나더니 움직이고 싶어 했다. 옆에 테이블에서 첫째보다 더 큰 아이가 스마트폰을 보면서 앉아 있었기 때문에 나도 순간 스마트폰을 줘버릴까 생각했지만 한 번 맛보면 빠져나가기 어렵다는 것을 너무나도 잘 알기에 참았다.

담배, 알코올, 인터넷, 도박, 스마트폰 등 중독이라는 단어가 어울리는 단어들은 죄다 나쁜 것들이다. 많은 연구에서 스마트폰 중독이 담배나 알코올 중독보다 중독성이 심하고, 치료하기도 어렵다고 말한다. 그런 중독에 우리 아이를 빠뜨릴 순 없다. 그래서 나는 둘째를 아기띠로 둘러 안은 채 첫째 손을 잡고 카페에 있는 계단으로 갔다. 오르락내리락 무릎이 조금 아프긴 했지만 계단을 왔다 갔다 하는 게 뭐 그리 재미있는지 첫째가 깔깔 웃었다. 중간 중간 내가 계단에서 넘어지는 시늉이라도 하면 배꼽이 떨어져 나갈 것처럼 웃는다. 아이가 웃는다. 아이가 소리

내서 웃는다. 내 아이가 세상에서 제일 행복해 보이는 얼굴로 하하하 웃는다. 그거면 족하다. 스마트폰을 멍한 표정으로 보면서 조용히 앉아 있는 아들을 보는 것보다 내 무릎이 조금 아프더라도 깔깔 웃는 아들을 보는 게 나도 행복하다.

때로는 나도 몸이 피곤해서 누워 있는 경우가 있는데, 이럴 때도 우리 집은 TV를 보거나, 스마트폰을 보는 문화가 없기 때문에 아이들은 누워 있는 나를 놀이삼아 논다. 아이들은 디지털 기기를 주지 않아도 자기들이 알아서 스스로 내 몸을 가지고 어떻게든 재미있게 논다. 내 옆으로 책을 가지고 와서 읽기도 하고, 내 몸에 기대서 미끄럼틀을 타기도 하고, 내 위에 엎드려서 쉬기도 한다. 로션을 가지고 와서 내 다리에 발라주기도 하고, 청진기와 주사를 가지고 와서 나를 치료해 주기도 한다. 잠은 잘 수 없지만 그렇게 나는 누워서 쉬면서도 아이들을 즐겁게 놀게 할 수 있다. 단, 너무 자주하면 부작용이 발생할 수 있으니 정말 피곤하거나 아플 때에만 누워 있어야 한다.

스마트폰을 멀리 하면서 나는 아이가 무엇을 하면 좋아하는지를 더 잘 알게 되었다. 우리 아들은 다른 친구들처럼 자동차, 지하철, 킥보드 같은 것에 별로 관심이 없다. 하지만 책읽기나 병원놀이, 소꿉놀이, 마트놀이, 밀가루반죽놀이처럼 실생활을 연기하는 놀이를 하면 엄청 좋아한다. 그와 동시에 힘을 써서 하는 놀이 '제자리 멀리 뛰기, 장애물 뛰어넘기, 거꾸로 매달리기, 구름사다리 타기' 같은 놀이도 좋아한다. 아이가 좋아하는 놀이로 책의 한 페이지를 가득 채울 수 있을 만큼 나는 아이가 현재 무엇을 좋아하고 무엇에 관심이 있는지 잘 알고 있다.

우리 딸은 아들과 정반대로 자전거, 킥보드에 관심이 많다. 달리기를 좋아하고, 귀고리, 목걸이, 시계, 반지와 같은 액세서리를 만지는 것도 좋아한다. 내 화장도구와 비슷하게 생긴 물건을 보면 거울 앞에 서서 화장하는 모습을 흉내 내는 것도 좋아한다. 동물이 나오는 책, 음식이 나오는 책, 공놀이, 풍선 던지고 받기, 비눗방울놀이 등을 좋아한다. 요즘 우리 딸은 인생 최고의 애교를 선보이고 있어서 나의 사랑을 엄청 받고 있기 때문에, 딸이 좋아하는 것을 적으라면 두 페이지 빼곡하게 적을 수 있을 정도이다.

아이들이 무엇을 좋아하는지 알고 있기 때문에 남편이 애 둘을 보면 집안에 울음소리가 자주 울려 퍼지지만, 내가 아이들 둘을 보면 울음소리가 거의 들리지 않는다. 지피지기 백전백승이라 하지 않았던가. 아이들이 무엇에 행복해하는지를 알고 육아를 하면 아이들에게 스마트폰을 주지 않고도 즐겁게 시간을 보낼 수 있다. 아이들이 무엇을 좋아하는지 알면 알수록 육아는 훨씬 편해진다.

이 세상의 모든 부모는 아이들이 행복하게 살기를 바란다. 그런데 그 행복을 '스마트폰'이 앗아가고 있다. 아이와 눈을 마주치며 감정을 읽고, 아이들과 마음으로 몸으로 행복하게 놀아야 아이도 부모도 행복해지는데, 부모는 스마트폰에 빠져 있고, 아이는 그런 부모가 보여 주는 스마트폰에 길들여지고 있다. 나는 스마트폰이 아닌 TV를 보여 준다고 안심하지 마라. TV를 보는 아이들이 스마트폰도 본다. 스마트폰 안에 TV

를 넘어서는 동영상 기능이 있다는 것을 모르는 아이가 있을까. TV 보여 주기와 스마트폰 보여 주기는 동일선상에 있다고 보면 된다. 내가 스마트폰이라 칭하는 것을 모두 TV라고 바꿔서 해석해도 무방할 정도로 둘의 유해성은 닮아 있다. 물론 휴대 가능하다는 측면에서 스마트폰 중독이 더 심각한 문제이지만 말이다. 스마트폰이 부모와 아이 사이에 끼어들어서 둘 사이를 멀어지게 하고 있다. 그 때문에 아이들은 충분히 행복하지 못하다.

우울의 씨앗이 되는 부모의 스마트폰

집에 틀어박혀 종일 육아 중이라고 생각해 보자. 부모는 아이와 함께 있으면서 틈틈이 스마트폰을 볼 것이다. 육아만 하면 너무 무료하니 스마트폰을 더 자주 들여다본다. 육아 관련 사이트에 들어가서 육아정보와 육아용품을 보며 우리 아이에게 이 장난감이 필요할까, 이 옷이 필요할까, 이 교구는 어떨까, 이 제품에 대한 사람들의 반응은 어떤가를 스마트폰으로 끊임없이 본다. 아이는 옆에서 혼자 멍하니 있다. 엄마의 눈길과 사랑과 목소리를 갈구하면서. 아이들은 좋은 옷, 비싼 장난감, 뇌 발달에 좋은 교구 따위는 크게 필요로 하지 않는다. 부모의 사랑과 관심이면 족하다. 그런데 스마트폰 때문에 부모의 사랑과 관심이 아이에게 오롯이 가지 못하고 자꾸만 스마트폰으로 간다. 아이를 위한 정보 탐색을 위해 스마트폰을 하느라 아이를 보지 못하는 아이러니한 일이 벌어지고 있는 것이다.

육아 사이트가 재미없어지면 SNS로 들어간다. 친구의 SNS를 보니 여행을 다녀오기도 하고, 친구들과 맛있는 음식도 먹으러 다닌다. 모두 내가 아기를 낳고 하지 못하는 것들이다. 친구가 SNS에 자신의 아이가 한글 읽는 동영상을 올렸다. 갑자기 '우리 애는 왜 이렇게 발달이 늦은 것인가' 하는 괜히 불안감과 죄책감이 마음속에 생긴다. 그러다가 유명 블로그에 들어가서 포스팅을 구경한다. 오늘도 내 집보다 훨씬 크고 깨끗하게 정리된 집에서 자신이 직접 정성껏 요리한 사진이 올라와 있다. 어떻게 저 집은 가구까지 저렇게 예쁜지, 요리가 담겨 있는 그릇은 또 왜 이렇게 좋아 보이는지 여러 생각을 하며 또 다른 블로그를 탐방한다.

스마트폰을 통해서 허전함을 달래려 하였는데, 다른 사람이 사는 모습을 보니 이제 왠지 모를 박탈감까지 든다. 다들 여행을 다니고 잘 먹고 잘사는데 나는 지금 집에서 이 아이와 무엇을 하고 있는 것인지 모르겠다.

이런 영양가 하나 없는 쓸데없는 생각의 시발점은 스마트폰이다. 내가 스마트폰으로 다른 이의 삶을 들여다보지 않았으면 하지 않았을 생각이다. 제발 아이와 있을 때에는 스마트폰을 손에서 놓자. 유모차를 밀면서도 한 손으로 스마트폰으로 무엇인가를 보고, 아이와 외식을 나와서도 스마트폰에 열중이고, 아이랑 키즈카페를 와서도 아이 옆에 앉아서 스마트폰만 쳐다보고 있으면 돈이 생기는가 아니면 마음이 행복해지는가? 둘 다 아니면, 아이와 있을 때만큼은 아이에게 집중해서 사랑과 관심을 주자.

비교하는 온라인 세상은 불행하다

스마트폰을 통해 자꾸만 타인과 나를 '비교'하는 한 행복은 없다. 여행을 가려고 한껏 들떠서 제주도를 예약하였는데 친구가 올린 하와이 사진을 보면 괜히 제주도 국내여행은 초라하게 느껴지는 것처럼 '비교'가 시작되면 행복을 느끼기가 어렵다. 아이를 키우면서 내 처지가 자꾸 비참하게 느껴진다면, 나만 지지리 궁상을 떨고 있다는 생각이 든다면 인터넷을 끊어라. 그게 힘들면 SNS라도 끊어라.

연예인들의 통유리를 통해 한강이 보이는 집, 이름도 생소한 외제차, 명품 옷과 가방 등 화려한 모습을 보면 나도 모르게 그들과 나 자신을 비교해 버리는 게 사람의 심리이다. 지인들의 블로그나 카카오스토리, 페이스북도 사정은 비슷하다. 하루에도 열두 번, 너무 자주, 너무 많은 사람들과 나를 비교하다 보면 자존감이 낮아지면서 '나는 왜 이럴까, 왜 나만 이렇게 살고 있는 것일까, 왜 나는 아이와 지지고 볶고 이렇게 살고 있나'라는 생각을 가지게 된다.

인터넷과 SNS의 폐해가 널리 알려져 있음에도 불구하고, 지금도 전 세계에서 13억 명이라는 인구가 매일같이 페이스북을 드나들고 있고,

누군가는 새롭게 회원 가입을 하고 있다. 이처럼 사람들이 여전히 SNS를 끊지 못하는 이유가 뭘까?

전문가들이 입을 모아 말하는 이유 중 하나는 '끝이 없다는 점'이다. 책과 영화는 시작하면 끝이 있다. 그러나 SNS에는 끝이 없다. 페이스북에서 A친구의 삶을 구경하러 왔다가 A친구의 포스팅에 댓글을 단 친구 이름을 보니 낯이 익어서 또 클릭해서 들어가고 또 거기서 궁금한 사람이 생겨서 들어가게 된다. 끝이 없다는 것은 아무리 해도 만족되지 않는다는 이야기다. 육아에서 오는 외로움과 허탈감은 스마트폰 속 인터넷 세상으로 절대 채워질 수 없다. 게다가 아이 때문에 꾸미는 것도 어렵고 자기계발도 어려운 지금은 SNS는 안 하는 게 상책이다. 아이를 좀 더 키워 놓고, 자기계발도 자유롭게 할 수 있고, 마음먹은 대로 여행도 다닐 수 있게 되었을 때, 남과 비교를 해서 내가 얻을 수 있는 것이 있을 때에 SNS를 하는 것이 현명하다.

스마트폰을 하지 않는다면, 남과 비교하지 않고 나의 현재에 더 집중할 수 있게 된다. 그리고 나의 현재 모습을 더 의미 있게 받아들이고, 감사함을 느끼면서 행복함을 느끼게 된다. 부모가 행복한 상태로 스마트폰의 방해 없이 아이에 집중하면 아이도 나의 사랑을 느끼고 더 많이 웃고, 아이의 웃음소리에 비례하여 나의 행복도 올라간다. 스마트폰이 없으면 펼쳐지는 마법 같은 이 순간을 꼭 누려 보기 바란다.

가족과 소통 대신 각자의 스마트폰으로 보내는 시간

얼마나 많은 시간을 이런 '비교'가 행해지는 '온라인 세상'에서 보내고 있는지 아는가?

연세대학교 바른ICT연구소 조사를 보면, 30대 40대 부모의 평균 스마트폰 시간은 일주일에 33시간, 7일로 나누면 하루 평균 5시간 정도이다. 그야말로 어마어마한 시간을 스마트폰과 함께 보내고 있는 부모세대이다.

아이들의 스마트폰 사용 시간은 어떨까? 한국언론진흥재단의 보고서를 보면 2016년 초중고생은 하루 평균 스마트폰으로 139분 인터넷을 사용하였고, PC로 60.9분 인터넷을 사용하였다. 그러니까 총 3시간 20분을 '온라인 세상'에서 보낸 것이다. 부모도 아이들도 스마트폰이 더 가까운 가족이 되어서 오랜 시간을 보내고 있는 것이다.

그런데 더 중요한 사실은 아이들이 하루에 3시간 20분 동안 어떤 내용을 접하였냐는 것이다. 아이들은 스마트폰으로 이 세상의 아름다운 소식을 접하지 않는다. 대부분 자극적인 뉴스를 보고 SNS와 게임을 한다. 아이들이 SNS에서 보내는 시간은 하루 65.2분이다. 4년 전 조사만 보아도 학생들의 스마트폰 사용에서 SNS는 순위 밖이었다. 그런데 최근 조사에서는 대부분 2위를 차지하고 있다. 그만큼 SNS가 우리 삶의 일부가 된 것이다. 10대의 SNS계정 보유율도 92%나 된다. 10대 사이에서 SNS가 급부상하고 있는 것이다. 하루 한 시간이 넘게 다른 사람들의 소위 '있어 보이는' 사진을 보며 아이들은 얼마나 박탈감을 느꼈을까.

부모가 스마트폰으로 온라인 세상에서 '비교'로 인해 불행을 느끼고 있는 시간에, 아이들도 마찬가지로 온라인 세상에서 기나긴 시간을 보내며 행복지수를 낮추고 있다. 부모가 스마트폰으로 시간을 보내느라 아이들을 보지 않으니 아이들도 자연스레 스마트폰 속 온라인 세상에서 시간을 점점 보내게 되는 것이다. 서로 함께 눈을 마주치고 웃으며 행복감을 높여야 하는데, 서로가 스마트폰에 밀려서 자신도 모르는 사이에 눈앞의 행복을 놓치고 있는 꼴이다.

SNS를 못하게 하는 재미있는 해외 캠페인

해외에서는 SNS 중독으로 사람들 간의 진짜 관계가 단절되자 이를 회복시키기 위한 재미있는 캠페인을 많이 진행하고 있다. 그중에서도 가장 재미있고 유명한 코카콜라 캠페인을 하나 소개할까 한다.

'소셜미디어 가드'는 강아지가 수술을 하고 나면 끼는 것과 흡사한 일종의 '깔때기'이다. 친구를 만날 때도, 연인을 만날 때도, 집에 있는 애완견과 있을 때도 SNS로 친구들과 소통하느라 실제 눈앞에 있는 이들과 제대로 이야기를 하지 못하는 현실을 꼬집으면서 이 '소셜미디어 가드'를 착용하면 SNS를 차단할 수 있다고 말한다. 실제로 동영상에서 '깔때기'를 쓴 사람의 모습을 보여 주는데 아래로 숙이면 아무것도 볼 수가 없어서 스마트폰을 사용할 수가 없다. 그래서 지금 나의 눈앞에 앉아 있는 사람에게 온전히 집중할 수 있게 한다. 아이가 태어나서 부모가 된 어른에게도 아이와 함께 있는 시간 동안 이 깔때기를 착용하는 것을 의무화하면 어떨까? 반강제적으로라도 아이의 눈을 바라보게 되면 아이가 더 사랑스러워 보이고 나의 눈길을 필요로 하는 존재라는 것을 몸소 느끼게 될 테니 말이다.

전 세계 레스토랑에서도 NO Phone, NO SNS 운동이 확산되고 있다. 음식을 앞에 두고 사람들이 사진을 찍고, 페이스북이나 인스타그램에 사진을 올리느라 정작 함께 있는 사람과 음식 이야기를 나누거나 깊은 대화를 나누지 못하자 화가 난 것이다. 그래서 이스라엘 유명 레스토랑에서는 식사 시간 동안 폰 전원을 끄면 50% 할인을 제공하기도 하고, 미국에서도 식사하는 1시간 동안 레스토랑에 있는 박스에 폰을 넣고 식사를 하면 10%에서 20% 음식 값을 할인해 주는 곳이 늘어나고 있다. 내가 카페나 레스토랑 주인이라면 'No phone with kids'을 만들어서 아이들의 행복을 업시켜 주리라! 스마트폰 속 세상이 아닌 눈앞의 진짜 세상에서 즐겁게 대화하라는 레스토랑의 움직임이 반갑다.

최근 시행한 정보통신 정책연구원의 조사에 의하면 페이스북을 하고 나면, '지루하다', '화가 난다'고 답한 사람이 23%로 매우 높게 나타났다. 좌절감을 느낀다고 답한 응답자는 8.9%, 피곤하다, 슬프다, 외롭다, 질투가 난다고 답한 이들도 8.1%나 되었다. 이렇게 페이스북을 하고 나면 부정적 감정이 느껴지는데도 중독성 때문에 끊지 못하는 것이다. 주변을 잠깐만 둘러보아도 아이들이 스마트폰으로 페이스북, 인스타그램에 빠져 있는 모습을 볼 수 있다. 아이들을 중독성 강하고, 부정적 감정을 느끼게 하는 스마트폰 활동에서 빠져나오게 하는 방법은 어떤 것이 있을까?

Smart Solution - 이렇게 해보세요!

주말에 아이들과 공원으로 놀러갔다. 공원에 도착하니 나무도 보이고, 비둘기도 있고, 알록달록 꽃들이 가득했다. 평소 보지 못하던 아름다운 자연을 접하면서 신이 났다. 그런데 공원 안쪽에 보니 아웃도어 액티비티를 할 수 있게 자전거 등을 빌려주는 대여소가 있었다. 우리는 사륜바이크를 빌려서 크게 원을 그리면서 기분 좋게 달렸다. 달리고 또 달리고, 소리 지르고 또 소리 지르면서 아주 신나게! 바이크를 다 타고서 기분이 업된 아들이 '엄마, 맛있는 거!'라고 외쳐서 편의점으로 가서 쉬고 있는데 주위를 둘러보니 모두 행복해 보였다. 꽤 많은 사람들이 있었는데 아무도 손에 스마트폰을 들고 있지 않았다. 가끔 사진을 찍기 위해 폰을 꺼냈다가도 바로 집어넣었다. 그때 나는 깨달았다.

'그래! 즐거움이 있는 곳에 스마트폰은 설 자리가 없다!'

첫째, 일상을 행복한 일로 가득 채우기

최근 커뮤니케이션 기업인 시지온이 조사한 바에 의하면, 사람들이 SNS를 가장 많이 이용하는 요일은 월화수목이라고 한다. 금요일과 토요일에 가장 SNS 이용률이 적으며 일요일이 되면 월요일과 비슷한 수준으로 회복되기 시작한다고 한다. 우리는 보통 금요일과 토요일에 주로 약속을 나가거나 여행을 가며, 일요일에 집으로 돌아온다. 따라서 여행이나 친구들과의 만남이 많은 날에는 나의 진짜 인생에 시간과 에너지를 쏟게 되어서 SNS를 할 생각이 별로 들지 않는다. 여기에 해답이 있다. SNS 사용을 줄이려면 나의 일상을 행복한 일로 가득 채우면 된다. 나의 일상이 즐거운데 왜 굳이 인터넷과 SNS에서 즐거움을 찾아 헤매겠는가. 좋아하는 운동을 하고, 운동할 시간이 안 되면 동네라도 한 바퀴 돌고, 책을 하나 사서 책상 위에 놓아두고 읽어라. 책이 버거우면 잡지도 좋고, 에세이처럼 가볍게 읽히는 책도 좋다. 한강 카페에서 친구들을 만나서 신나게 수다를 떨거나 한강 고수부지에서 술을 한잔하는 것도 근사하다. 온라인으로 나의 눈과 마음이 가려고 할 때마다, 움직여서 다른 무엇인가를 해라.

코펜하겐대의 연구원들은 페이스북 사용을 일주일 이상 중단한 사람들이 그들의 삶에 더 만족하고 행복감을 느낀다고 하였다. 실험 전 SNS 활동을 통해서 타인에게 질투심을 느낀다고 했던 참가자들의 행복수준이 페이스북 사용을 중단하면서 질투심을 느끼지 않았던 사람들보다 더 큰 폭으로 개선되었다는 발표도 주목할 만하다. 나의 삶을 즐거움으로 채우되 다른 사람의 인생을 궁금해서 기웃거리는 일을 멈추어 보라. 코펜하겐대의 연구처럼 SNS를 끊으면 나의 행복지수가 올라갈 것이다. SNS로 다른 사람의 삶을 탐하는 시간에 내 인생을 즐겁게 만들자.

둘째, 하루 목표! 아이들의 웃음소리를 듣기

아이들을 낳은 이상, 아이들과 부모는 떼려야 뗄 수 없는 관계이다. 우리는 보이지 않지만 끈끈하게 연결되어 있다. 그래서 아이들이 행복하지 않으면 나도 행복할 수 없다. 아이가 아파서 열이 나고 힘들어하면 부모의 마음이 더 아프다. 그리고 아픈 아이를 간호하다 보면 우리의 몸도 아프기 일쑤이다. 그렇게 우리는 하나로 연결되어 있다. 그러니, 나의 행복을 위해서라도 우리 아이를 세상에서 제일 행복한 아이로 만들자. 나는 매일 다짐한다.

'오늘도 우리 예쁜이들에게 많은 웃음을 선물해 줘야지!'

매일 매일 나의 목표는 동일하다.
우리 아이들 배꼽 빠지도록 웃게 하기

 이런 생각을 하면 아이들과 놀 때 스마트폰으로 손이 갈 일이 없다. 아이들의 얼굴을 살피며 어떻게 하면 웃게 할까 라는 생각에 빠지기 때문이다. 그리고 아이가 웃으면 성공의 기쁨에 나도 따라 웃게 된다. 엄마미소가 절로 나온다. 내 아이가 웃는데 행복하지 않을 부모가 있겠는가. 오늘부터 아이를 보면서 '너를 웃게 할 거야! 네 웃음소리가 빵 터지게 하겠어!'라고 다짐해 보자. 나도 덩달아 웃음이 나고 행복에너지가 솟을 것이다.

셋째, 아이들의 웃음소리가 최고조가 되는 액티비티!

- 집에서 할 수 있는 액티비티

① 다 같이 앞구르기 하기

앞구르기는 두 돌이 되기 전부터도 할 수 있는 생각보다 쉬운 동작이다. 아이들은 매우 유연해서 다리 찢기도 아무렇지도 않게 해낸다. 앞구르기도 마찬가지다. 우리 딸은 걸음도 늦었는데 20개월부터 앞구르기를 했다. 어른인 나는 한두 번만 해도 어질어질한데 아이들은 연속으로 열 번을 굴러도 까르르까르르 좋아한다. 엄마도 하라고 하면 한 바퀴 구르면서 어딘가에 꽝 부딪혀서 아파하는 척을 하면 반응은 최고조에 이른다.

② 하이파이브 세게 하고 쓰러지기

아들이 2세 때부터 했던 행동인데 5살이 된 지금까지도 반응이 좋다. 하이파이브 세게 하라고 한 다음에 네 힘이 너무 세서 아프다고 말하면서 손이 아픈 척을 해도 좋아한다. 하지만 무엇보다 반응이 최고조가 되는 것은 하이파이브를 한 후에 어른이 뒤로 쓰러지는 것이다. 기절한 척을 해도 좋다. 내 친구 아들은 이게 너무 재미있어서 나를 '하이파이브 하고 쓰러지는 이모'라고 말한다.

③ 아이를 안아서 이불 위 혹은 푹신하고 안전한 곳에 던지기

아이들과 몸으로 노는 것은 힘들지만 즐겁다. 아이들이 까르르 웃음보를 터트리면 어디선가 비타민이 솟아오르는데 이 점프가 특히 그러하다. 아이를 안아 올린 후에 어디론가 살짝 내동댕이쳐라. 엄청 세게 던지는 척하면서 살짝 놓으면 위험하지 않다. 나는 주로 우리가 자는 매트리스 위에 아이들을 내동댕이친다. 이 액티비티를 통해 나의 몸속에서 비타민이 쭉쭉 솟아오르는 게 느껴질 만큼 커다란 웃음소리를 선물로 들을 수 있다.

• **어디서든 할 수 있는 액티비티**

① 못생긴 얼굴 만들기

겨울날 아이들이 유모차에 앉아 있는데 나에게 너무 예쁜 웃음을 발사했다. 나도 보답을 하려고 어떻게 애들을 웃게 할까 하다가 못생긴 얼굴을 만들어 보았다. 눈 초점을 가운데로 몰아서 바보 표정을 만들고 메롱을 했는데 아이들이 깔깔깔 웃었다. 코를 뒤집고 눈알을 한 바퀴 굴리거나 턱을 길게 빼거나 눈썹을 잔뜩 찌푸리면 또 웃는다. 이어지는 혀 공격. 혀 세우기, 혀 뒤집기, 혀 꽃 만들기 등을 하면 박수까지 쳐준다. 못생긴 얼굴 만들기의 하이라이트는 억지 쌍꺼풀 만들기이다. 쌍꺼풀이 없는 나는 두 눈을 부릅뜨고 쌍꺼풀을 만들면 진짜 못생겨진다. 앙코르 요청이 쇄도하는 쌍꺼풀 만들기이지만 아무나 소화하기 어려운 단점이 있다.

② 어설프게라도 숨어 있다가 뿅 나타나기

까꿍은 아기들만 좋아하는 줄 알았는데 유치원생도 좋아한다. 꼭 온몸을 숨기지 않아도 된다. 책으로 얼굴만 가리고 까꿍 나타나도 좋아하고, 손바닥을 들어서 손 뒤에 얼굴 일부만 살짝 숨겼다가 '까꿍' 나타나도 좋아한다. 무한반복해도 계속 먹히고 언제 어디서든 할 수 있다는 장점과 반복될수록 엄마 아빠가 지루해지는 단점이 있다.

③ 도깨비놀이, 귀신놀이

괴물놀이를 너무 좋아하는 아이들. 머리에 무언가를 올려놓고 도깨비 뿔이라고 하면 자기들이 머리에 뿔을 올리겠다고 난리난리다. 머리에 얹을 수 있는 물건이 있다면 언제든지 쉽게 할 수 있다. 나는 주로 종이를 고깔모양으로 말아서 하거나, 빈 종이컵을 사용한다. 아이들이 더 좋아하는 것은 머리가 긴 내가 머리카락을 풀어헤치고 앞으로 오게 해서 얼굴을 가린 다음 "귀신이다"라고 하는 귀신놀이다. 내 머리가 헝클어지는 게 싫으면 아이들 머리로 해도 된다. 아이들은 헝클어진 머리도 예쁘니까. 하다가 피곤하면 "아, 무서워"라고 과장되게 반응하면서 무서워서 쓰러졌다고 하고 누워서 좀 쉬어도 된다.

부모의 내면이 행복함으로 가득차고, 친구들과의 만남으로 즐거움을 느끼면 인터넷 세상은 부모에게 그렇게 달콤한 존재가 되지 못한다. 아이들 역시 엄마 아빠와의 눈 마주침과 보살핌으로 내면이 행복해지면 스마트폰 속 온라인 세상에 집착하지 않게 된다. 우리의 하루하루를 행복한 일과 웃음으로 가득 채우자. 우리 아이들이 행복한 사람으로 커갈 수 있게 최선을 다하자. 우리가 아이들에게 줄 수 있는 최고의 선물은 '웃음'이다. 우리가 가장 행복을 느끼는 순간도 아이들의 '웃음'이다. 서로에게 웃음을 주는 존재가 되자.

key point!

* 여행이나 친구들과의 만남이 많은 날에는 나의 진짜 인생에 시간과 에너지를 쏟게 되어서 SNS를 할 생각이 별로 들지 않는다. 스마트폰에 손이 가지 않게 나의 일상을 행복한 일로 가득 채우자.

* 매일 아이들의 웃음소리를 듣는 것을 목표로 세워라. 내 아이가 웃는데 행복하지 않을 부모가 있겠는가. 오늘부터 아이를 보면서 '너를 웃게 할 거야! 네 웃음소리가 빵 터지게 하겠어!'라고 다짐하자. 나도 덩달아 웃음이 나고 행복에너지가 솟을 것이다.

* 언제 어디서든 아이를 웃게 할 수 있는 나만의 무기를 몇 가지 개발하자. 내가 웃고 싶을 때, 아이의 웃는 얼굴을 보고 싶을 때 무기를 하나씩 하나씩 사용하며 육아 전쟁에서의 승리를 만끽하자.

Chapter 2

외로움에 익숙해지는 아이들

스마트폰보다 재미있는 엄마 아빠

 지난 주말에 가족외식을 하였다. 여느 때와 다름없이 식당 곳곳에는 아이들의 동영상이 재생되는 소리가 울려 퍼졌다. 스마트폰을 보면서 조용히 식탁 앞에 앉아 있는 아이, 스마트폰을 보느라 부모와 대화 없이 앉아 있는 아이 등, 아이들은 같이 있지만 결국 혼자 있는 것 같은 라이프 스타일에 익숙해지고 있다.

 이런 환경에 아이들이 계속 노출되어도, 이런 환경에 길들여져도 괜찮을까? 여러 사람과 함께 있지만 대화를 하면서 즐겁게 하는 식사가 아니라, 〈뽀로로〉와 〈타요〉를 보면서 입만 벌려서 밥을 씹어 먹는 아이. 분위기 좋은 카페에 있지만 그런 분위기에 업이 되어서 즐거운 대화를 하는 것이 아니라, 나 홀로 〈터닝 메카드〉를 시청하거나 게임을 하는 아이. 아이를 비록 혼자 두지는 않았지만 이는 결국 혼자 밥을 먹고 혼자 노는 것과 크게 다르지 않다. 밥상머리 교육은커녕 밥상에서도 나 홀로인 이런 환경에 우리 아이가 익숙해져도 정말 괜찮은 것일까? 우리 아이가 무언가를 시청하며 밥을 먹을 때, 눈과 귀는 즐거워도 마음속으로는 외로움을 느끼고 있지는 않을까? 한 번 생각해 보자.

스마트폰 없이 생활하는 우리 아이들은 밥을 먹을 때에도, 내가 아파서 누워 있을 때에도, 설거지를 한다고 부엌에 있을 때에도 외로움을 느낄 새가 없다. 같이 밥 먹으면서 "음식이 저번보다 덜 맛있게 됐네", "역시 반찬은 짜야 맛있네", "오늘은 내가 좋아하는 반찬이 별로 없네" 같은 시시콜콜한 이야기를 나누고, 내가 누워 있을 때에는 같이 누워서 뒹굴거리기도 하고, 내 몸 위를 점프하느라 땀을 뻘뻘 흘리기도 한다. 내가 설거지를 하러 부엌에 가면 서로 도와준다고 그릇을 가져다주고, 컵을 정리해서 넣어 주느라 바쁜데 외로움을 느낄 틈이 있겠는가.

며칠 전 코감기 때문에 머리가 멍해서 조금 쉬고 싶은 마음에 아이들에게 말했다.

"지성아, 채윤아! 엄마가 좀 아파서 그러는데 엄마 옆에 있을래? 아니면 TV 보여 줄까?"
"엄마 오래 누워 있을 거예요?"
"응, 조금 쉬어야 할 것 같아."
"TV도 엄마랑 같이 봐야 재밌어요. 엄마 옆에서 기다릴래요."

아뿔싸! 내가 너무 잘 놀아 준 탓인가. 아이들은 내가 좀 쉬려고 TV

로 꼬셔 보았지만 넘어가지 않았다. 아이들에게는 내가 스마트폰이나 TV보다 더 재미있는 존재인 것이다. 아픈데도 아이를 떼어 놓지 못하는 상황이지만 그래도 멋지지 않은가? "나란 여자, 스마트폰, TV보다 즐거운 엄마다!" 우리 아이들이 외로움을 느끼지 않고 행복하게 쑥쑥 자랄 수 있다면 놀이공원보다 재미있는 엄마 아빠도 될 수 있다.

캠핑장에서도 스마트폰으로 노는 사람들

여름에 거의 매주 아이들과 함께 캠핑장에 갔다. 둘째가 크기를 얼마나 기다려 왔던가. 캠핑은 우리 부부의 오랜 소원이었다. 그 소원이 이루어지던 지난 주말! 우리 부부의 행복이 하늘을 찌르고 있는데, 캠핑장은 의외로 조용하였다. 술 마시며 이야기하는 어른들의 목소리 말고 아이들의 웃고 떠드는 소리가 별로 들리지 않았다.

둘째를 재우려고 유모차에 태우고 캠핑장을 한 바퀴 도는데, 내 눈으로 본 캠핑장의 모습은 믿기 힘든 풍경이었다. 캠핑장에 놀러온 아이들은 모두 엎드려서 스마트폰으로 무엇인가를 하고 있었다. 옆에 텐트도 그 옆에 텐트도 대부분의 아이들은 스마트폰에 빠져 있었다. 두세 가족이 함께 캠핑 온 경우가 많았는데 어른들도 각자의 스마트폰을 손에 들고서 시간을 보내는 경우가 많았다. 스마트폰 때문에 가족여행의 형태를 띠고 있는 캠핑장에서도 혼자 노는 것이 더 익숙해진 것이다. 부모도 아이도 저마다 스마트폰으로 시간을 보내고 있었다. '왜 캠핑을 온 것이지?'라는 의문을 떨쳐 버릴 수가 없었다. 둘째가 잠들어서 텐트 안에 눕힌 후 아들과 놀이터에 갔다. 나는 모래놀이터에서 놀다 보면 큰 누나 형들이 나타나서 우리 아들이 신나서 쫓아다니는 것을 은근히 기대했는데, 모래놀이터에는 동갑내기 친구 한 명이 잠시 다녀간 것 외에는 아무도 등장하지 않았다. 모두 텐트 안에서 스마트폰을 하느라 바빠서 놀이터까지 올 여유가 없었던 모양이다.

 # 예약이 꽉 찬 캠핑장 놀이터에서 혼자 노는 지성이

스마트폰으로 촉발된 나 홀로 사업의 초고속 성장

언젠가부터 1인 가구, 혼밥, 혼술이라는 단어가 익숙한 단어가 되어 버렸다. 2016년 통계청 장래가구추계자료에 의하면 현재 1인 가구의 수는 전체 가구의 28%인 538만 가구이다. 1990년 1인 가구 수가 102만 가구인 것과 비교하면 5배가 넘는 수치로 엄청난 증가세이다. 미혼자도 많고, 이혼자도 많고, 만혼자도 많고, 아예 결혼을 안 하겠다고 생각하는 사람도 증가하는 추세이다. 주위에 넘쳐나는 오피스텔만 보아도 얼마나 1인 가구가 많은지를 알 수 있다. 그런데 1인 가구와 함께 요즘 자주 보이는 단어가 '혼밥', '혼술', '혼행', '혼영'이다. 혼자 밥 먹기, 혼자 술 마시기, 혼자 여행하기, 혼자 영화보기를 줄여서 표현하는 말인데 언제부터 우리나라에는 이렇게 혼자 시간을 보내는 것이 자연스러워졌을까?

이런 단어가 생겨나기 시작한 것은 생각보다 오래되었다. 가장 먼저 생긴 단어가 '혼밥'이다. 혼자 밥을 먹는 사람을 구경하기 어려웠던 2008년, 몇몇 사람들이 "나는 혼자서도 밥을 먹을 수 있다"며 혼자 먹는 것이 부끄러워서 화장실에서 먹거나 구석진 데서 숨어서 먹을 필요가 없다고 이야기를 하기 시작하면서, 동시에 '혼밥'이라는 단어가 화제가 됐었다.

2008년이라 하면 바로 스마트폰이 등장한 해이다. 국내에 스마트폰이 활발히 보급된 해가 2008년이니 '혼밥'이라는 단어가 생기기 시작한 해와 일치한다. 10년 전으로 거슬러 가서 생각해 보자. 예전에는 혼자 밥을 먹으면 두 눈이 자꾸만 주변으로 가서 혼자 밥 먹는 자신이 왠지 친구가 없는 사람처럼 보여서 부끄러웠다. 실제로 사람들도 누군가 혼자 밥을 먹으면 저 사람은 왜 혼자지? 하고 이상하게 쳐다보았다. 믿기지 않겠지만 정말 그런 시절이 있었다. 나도 누가 혼자 와서 밥을 먹는 것을 보면 쳐다보곤 했었으니까.

그런데 2008년부터 스마트폰을 들고 다니는 사람이 하나둘 생기자, 사람들은 더 이상 남을 신경 쓰지 않고 폰만 보면서도 나 혼자 무언가를 할 수 있게 되었다. 혼자 밥을 먹는 사람의 시선도, 다른 사람의 시선도 주변이 아닌 폰에 있기 때문에 혼자 밥을 먹는 것에 대해 예전처럼 신경 쓰지 않게 된 것이다. 도리어 스마트폰으로 재미있는 정보를 즐기면서 혼자 편하게 밥을 먹을 수 있다며 '혼밥'이 유행처럼 번지기도 했었다. 이렇게 스마트폰의 보급률이 높아지면서 점점 나 혼자 생활하는 것이 외롭다거나 친구가 없는 사람처럼 보이는 것이 아니라 개인의 선택처럼 보이는 사회가 되었다.

이렇게 시작된 혼자 하는 문화는 그 뒤로 '혼술', '혼영'을 낳았고, 최근에는 '혼행', 말 그대로 혼자 하는 나 홀로 여행이 각광받고 있다. 2015년 국민여행실태조사에 따르면 우리나라 여행객 10명 중 1명꼴인 10.3%는 나 홀로 여행을 하고 있다고 한다. 5년 전만 해도 4% 정도였던 나 홀로 여행객이 최근에 엄청나게 늘어난 것이다. 인터넷에 '나 홀로 여행' 혹은 '혼행'이라고 검색어를 넣으면 '나 홀로 여행'을 부추기는 여행사 광고를 수없이 볼 수 있다.

돈 주고 관계를 사는 고독 비즈니스

혼자 당당하게 무언가를 할 수 있다는 점에서 나 홀로 활동의 증가는 분명히 좋은 점이 있다. 하지만 혼자 하는 활동 속에 사람들의 외로움이 자리 잡고 있다면 이야기는 달라진다. 그 외로움이 전부 스마트폰 때문이라고 말할 수 없지만, 스마트폰에 시선을 빼앗겨 사람들이 서로에 대해 점점 무관심해지고 있는 것은 사실이다. 노래방도 예전에는 다 같이 가는 노래방이 인기를 끌었다면 요즘은 혼자 들어가는 코인 노래방이 인기다. 기존 노래방은 폐업이 속출하는데 코인 노래방은 하루가 멀다 하고 생겨나고 있다. 코인 노래방처럼 외로움 속에서 새롭게 성장하는 사업을 우리는 '고독 비즈니스'라 부른다.

미국 LA에는 People Walker라는 회사가 있다. 배우 척 매카시가 세운 회사인데 이름 그대로 사람들과 산책하는 서비스를 제공하는 회사이다. 한 마디로 돈으로 친구를 사서 함께 산책을 하는 것인데 그는 1마일(약 1.6km)을 함께 걸으며 이야기 나누는 대가로 7달러를 받는다. 사회적인 관계를 돈을 지불하고 살 수 있는 제품으로 만든 것이다. 척 매카시는 영국 가디언과의 인터뷰에서 이렇게 이야기한다.

"혼자 산책하기를 걱정하는 사람이 있다.
그들은 자신이 친구가 없는 사람으로 비춰지는 것을 원하지 않는다.
그리고 사람들은 자기 이야기를 들어 주는 것을 매우 기뻐한다."

우리는 스마트폰으로 늘 혼자 있어도 혼자 있지 않은 것처럼 시간을 보낼 수 있지만, 그러한 시간이 쌓이면 알 수 없는 외로움을 느끼게 되어 있다. 사람은 사회적 동물이어서 어느 정도의 사회적 부딪힘이 필요하기 때문이다.

우리나라에도 6~7년 전에 엄청난 이슈가 되었던 비슷한 사업이 있다. '결혼식 하객알바' 서비스이다. 결혼식 날이 다가오면 과연 내 친구가 몇 명이나 내 결혼식에 시간을 내서 와줄까 하는 고민은 결혼을 한 사람이라면 누구나 해보았을 것이다. 카페에 가면 쉽게 '하객알바 구합니다'라든가 '하객알바 합니다'라는 글을 볼 수 있다. 신부 혹은 신랑이 업체에 남자 20대 후반 10명, 여자 30대 초반 10명 이런 식으로 요청하면 업체에서는 해당 성별 연령대를 맞춰서 결혼식에 하객인 것처럼 보내 주는 식이다. 나의 지인도 결혼식 날 친구가 얼마 안 올 것 같다면서 6명의 하객을 돈으로 샀다고 했다. 신부의 친구인 내 눈에는 결혼식장에 온 하객 알바생이 눈에 띄었지만 다행히 알바생들은 경력이 제법 있는지 매우 자연스럽게 자기들끼리 어울리다가 사라졌다. 예전에는 없던 이런 서비스들은 왜 생겨나는 것일까. SNS 친구는 전 세계에 몇 백 명씩 생겨나고 있는데 정작 내 결혼식에는 누가 와줄까 하는 걱정을 하는 것이다.

목적이 무엇이 되었든 돈을 주고 친구를 사는 이 서비스를 두고 영국 가디언에서는 이렇게 말했다.

> "10년 안에 사회적 연결(companionship industry)에 쓰는 돈이
> 의료비 지출과 비슷한 정도로 증가할 것이다.
> 사회적 고립문제를 해결하는 일은 결코 쉽지 않다."

친구와 산책을 함께 하기 위해 돈을 주고 친구를 사고, 결혼식에 친구로 와달라고 모르는 사람에게 하객요청 비용을 쓰고, 쇼핑을 함께 하기 위해 돈을 내고 친구를 구하는 사회. 우리는 스마트폰으로 모든 편리함을 누리고 있지만, 인간관계는 편리함만으로 절대 이루어질 수 없는 관계이다. 부딪히면서 상처를 주기도 하고 상처를 받기도 하고, 함께 즐거움을 나누기도 하고 때로는 슬픔과 힘든 일을 공유하기도 하면서 성숙되고 깊어지는 게 인간관계이다. 그런데 스마트폰의 등장으로 꼭 친구가 아니어도 시간을 쉽게 보낼 수 있게 되자, 친구와 보내는 시간은 절대적으로 줄어들고 있다. 그리고 그만큼 우리는 외로움을 느끼게 되었다.

스마트폰으로 가상의 친구 혹은 피상적인 친구관계를 유지하는 것 말고 오프라인에서 실제로 친구를 만나서 눈을 바라보면서 이야기를 나눌 수 있다면, 스마트폰을 내려놓고 진짜 친구와 어울리는 시간을 좀 더 갖는다면, 이런 고독비즈니스는 더 이상 필요하지 않을 것이다. 그렇게 되길 바란다.

Smart Solution - 이렇게 해보세요!

> "인간이 평생 사용하게 될 정신의 범위는 갓난아이 때 결정되는데,
> 외로움에 익숙할 경우 아기의 무의식은
> 외로움의 수준을 동일하게 유지하기 위해 정신의 작용을 가동한다."

예콰나족의 육아법을 다룬 《잃어버린 육아의 원형을 찾아서》에 나온 문구이다. 아이는 태어나서 초기에 경험한 첫 세상을 가장 익숙한 상태로 느끼게 된다고 한다. 그것이 좋은 환경이든 나쁜 환경이든 상관없이 말이다. 그런데 요즘 우리는 갓난아기 앞에서도 큰 아이 앞에서도 스마트폰을 무한 사용하고 있다. 그렇게 아이는 자신이 아닌 다른 물건을 바라보는 엄마 아빠를 보게 되고, 자신이 아닌 스마트폰과 시간을 보내는 부모를 보게 되면 그 외로운 상황에 익숙해지고 평생 그 수준을 유지하기 위해 정신이 작동을 한다는 것이다. 아이를 평생 외로움 속에 살게 하고 싶은가?

아이들이 외로움에 익숙해지지 않도록 해야 한다. 아이들이 집이나 식당, 카페에서 스마트폰을 보면서 상대와 이야기하지 않고 혼자 있는 것이 당연한 것이 아니라, 상대방과 눈을 마주치고 이야기를 하는 것이 당연한 것이라는 것을 알게 해주어야 한다. 이런 당연한 것이 당연한 것이 아닌 세상이 되어 가고 있기 때문에 아이들에게 일찌감치 바른 사고를 심어 주어야 한다. 아이들이 사람과의 어울림 속에서, 대화 속에서

즐거움과 행복감을 느낄 수 있는 사람으로 성장하게 하자.

첫째, 아이에게 '함께'의 즐거움 알려 주기

아이들과 함께 식사를 하러 가거나, 디저트를 먹으러 왔으면 최대한 아이와 함께 즐거운 시간을 보내야 한다. 아이들이 다른 사람과 함께 보내는 시간이 즐겁다는 것을 자연스럽게 알아야 한다. 필요에 따라서는 혼자 밥을 먹고 혼자 취미생활을 할 수도 있지만, 그것은 어느 정도 인지능력이 자란 후에 아이들이 스스로 선택해야 할 사항이다.

우리 아이들이 성인이 되어서 함께 산책할 사람이 없어서 'People Walker'에 전화를 해서 친구를 빌려서 산책하는 사람이 되기를 바라는가? 결혼을 하는데 와줄 친구가 없어서 모르는 친구를 돈 주고 빌려서 데려 오기를 바라는가? 외로움에 익숙한 아이들은 커서도 그 익숙함을 벗어나려고 하지 않는다. 아니 벗어나는 방법을 몰라서 더 외로움 속에 빠져든다. 그런 아이들은 오랜 시간 게임을 하기도 하고, 판타지 소설 같은 환상세계에 빠져서 헤어 나오지 못하기도 한다.

어린 시절부터 함께 눈을 보며 웃고 이야기하는 상황을 경험해야 학생이 되어서도 성인이 되어서도 친구들과 또 사회에서 만나는 사람들과 좋은 관계를 맺고 외롭지 않게 정신이 건강한 사람으로 자라게 된다.

둘째, 아이의 말을 공감해 주고 이해해 주기

나는 기분이 좋으면 말이 많고 기분이 다운되면 별로 말을 하지 않는 편이다. 그런데 아이에게는 부모의 이런 감정 변화가 이해가 되지도 않고, 용납이 되지도 않는다. 그래서 나는 아이 앞에서는 365일 수다쟁이 모드이다. 아이가 우리 딸처럼 말을 못하는 어린 아기이면 부모의 노력이 많이 필요하지만, 두 돌이 지나서 말을 어느 정도 하는 아이라면 아이의 말만 잘 들어 주어도 된다. 아이의 말을 진짜 잘 귀담아 들으면 이어나갈 말이 정말 많다. 예를 들면 아들은 손잡이에 대한 이야기를 자주 한다.

"우리 지하철 탔을 때 손잡이가 엄청 많았죠. 노란색 손잡이가 정말 많았어요."
"엄마, 저 손잡이 잡았어요. 팔이 길어졌나 봐요. 지하철 탔을 때도 손잡이가 정말 많았죠. 근데 그건 너무 높이 있어서 못 잡았어요."

내가 여기서 할 일은 손잡이 이야기를 계속 이어나가게 하는 것이다.

"엄마도 어렸을 때는 팔이 짧아서 지하철 손잡이를 못 잡았었어. 그런데 어른이 되니까 키가 커져서 손잡이 다 잡을 수 있어."

혹은 주변에 있는 손잡이 이야기를 하면 좋아한다. 유모차에도 손잡이가 있다든지 자전거 손잡이는 모양이 다르다든지, 지나가는 물체에서 손잡이를 찾아서 아무거나 이야기하면 아이는 귀 기울여 듣고 또 기분 좋게 이야기를 이어나간다. 세계적으로 유명한 심리학자 칼 로저즈는 '내 이야기를 잘 들어 주는 단 한 사람만 있어도 마음이 병들지 않고 잘 살아갈 수 있다'고 하였다. 어린아이들에게 그것은 부모이다. 아기 때부터 엄마와 아빠가 자신의 이야기를 잘 들어 주고 공감해 준다면 아이는 상대방의 마음을 헤아릴 줄 아는 배려심 깊은 따뜻한 사람으로 자라날 것이다. 나는 신체건강과 함께 이것이 부모가 아이에게 반드시 해야 할 일이라고 생각한다. 우리 아이들을 스마트폰으로 외롭게 키우지 말자.

셋째, 아직 말을 못 하는 아이더라도 끊임없이 말 걸기

아기도 스마트폰이 아닌 부모와의 상호작용을 원한다. 사랑을 담은 눈과 목소리를 들려줘라. 아직 나의 아이는 말을 못해서 할 말이 없다고, 나 혼자 떠드는 데에는 한계가 있다고 말하면서 스마트폰을 내어 주고 있지는 않은가?

한 전문가는 아직 말을 하지 않는 아이에게 스마트폰을 주는 것은 음식물쓰레기를 아이에게 건네는 것과 같다고 했다. 말은 못 하여도 아이가 사람들과 눈을 마주칠 수 있다는 것은 아이가 상호작용을 할 수 있다는 의미이다. 말을 못 하니까 더더욱 부모가 아이와 대화를 하고, 몸으로 표현을 많이 해주어야 한다. 그것이 아이가 배우는 첫 번째 상호작용, 대인관계의 기본이기 때문이다.

상호작용을 하고 싶어서 눈을 초롱초롱 뜨고 있는 아이에게 스마트폰을 주는 것은 정말 잔인하다. 아기에게 스마트폰을 준다는 것은 '너 사람 눈하고 상호작용하지 말고 일방적으로 떠드는 스마트폰하고 놀아'라는 의미가 아니고 무엇이겠는가. 상호작용하고 싶어 눈을 반짝이는데 듣고 반응하는 기능 없이 자신이 보여 주고 싶은 동영상과 게임만 보여 주는 스마트폰에서 아이가 무엇을 느끼겠는가.

나는 아이가 말을 못 할 때도 엄청 말을 많이 했다. 더 이상 할 말이 없어서 무료해지면 잡지를 이용했다. 아들이 아기였을 때에는 요리책을 엄청 봤었는데, 그 때문인지 지금도 아들의 꿈은 요리사이다. 딸에게는 음식잡지, 패션잡지, 인테리어 잡지 이렇게 세 종류를 시도해 보았는데, 여자아이라서 그런지 유독 패션잡지에 반응을 보여서 그 후로는 심심하면 패션잡지를 사서 같이 보았다. 지금도 아이의 그림책을 보다 내가 지겨워지면 패션잡지를 얼른 꺼내서 대화를 이어나간다.

"채윤아, 요즘은 이런 스타일이 유행인가 봐. 너도 화이트가 정말 잘 어울리는데, 아 화이트는 하얀색을 말해. 패션업계에서는 왜 그런지 모르겠는데 영어로 단어를 말해 줘야 어울리는 그런 느낌이 있어. 와~ 이 여자 눈 화장 기가 막히게 잘했다."

흔히 말 못하는 아이와 이야기하는 것을 보고 '벽 보고 이야기하는 느낌'이라고 이야기하는데, 백번 공감한다. 정말 나 혼자 이야기하는 것은 힘든 일이다. 하지만 '잡지'의 힘을 빌려서 육아를 하면 훨씬 재미있고, 대화하기도 좋다. 내 친구의 경우에는 아기를 낳고 공인중개사 자격증 시험을 공부했는데 아이에게 그날 공부한 내용을 들려주었더니 오히려 복습하는 효과가 있어, 공인중개사 시험에 한 번에 합격했다. 아이와도 대화를 나누고, 시험에도 합격하고 일석이조인 것이다.

말 못 하는 아이라고 나 답답하다고 그 탈출구를 '스마트폰'으로 삼지 마라. 너무 끔찍한 핑계다. 첫사랑 이야기도 좋고, 공인중개사 공부한 내용도 좋고, 아이가 알아듣지 못할 정치 이야기도 좋으니 이야기를 하면서 아이와 상호작용하는 부모가 되자.

key point!

* 스마트폰을 보는 동안 아이는 철저히 혼자가 된다. 아이가 외로움을 느끼지 않도록 아이에게 스마트폰을 최대한 주지 않도록 노력하자. 아이들이 다른 사람과 함께 보내는 시간이 즐겁다는 것을 자연스럽게 알게 하자.

* 아이의 말에 공감하며 대화하자. 자신의 이야기를 잘 들어 주면 아이는 더욱 신나서 이야기를 이어나간다. 아이가 신나서 이야기할 때 얼굴을 찬찬히 들여다보면 정말 예쁘다. 자신감 있고 외롭지 않은 아이가 되기를 원한다면, 아이와 함께 대화하고 또 대화하자.

* 아직 말을 못 하는 아이와도 끊임없이 대화하자. 할 말이 없다면 잡지나 신문을 활용해 보자. 아이는 어떤 말을 해도 잘 들어 주는 고마운 존재이다. 잡지에서 예쁜 그림을 설명해 주어도 좋고, 신문에서 마음에 드는 기사를 읽거나 나의 의견을 말해 주어도 좋다.

Chapter 3

얼굴보다 마음이 예쁜 아이로

제주도 여행을 가서 아이들과 함께 귤 따는 체험을 하러 갔다. 그런데 귤을 어떻게 따야 하는지 설명해 주시는 선생님의 눈에 큰 사마귀가 있었고, 그 사마귀를 가리기 위해서 아이라인도 두껍게 그리고 도수 없는 두꺼운 검정 뿔테 안경을 쓰고 있었다. 사마귀를 안 보이게 하고 싶어서 얼마나 고민을 하고 내린 결정일까. 나는 돌아오는 길에 남편에게 아까 그 사람 눈에 사마귀 있는 것을 봤냐고 물어보았다. 그리고 순간 그런 질문을 한 내 자신이 부끄러웠다. 귤 맛이 어땠는지, 귤 체험이 어땠는지 등에 대해서가 아니라 귤 따는 방법 설명하는 사람 눈에 난 사마귀를 이야기하는 나 자신이 한심하게 느껴진 것이다. 그런데 내 물음에 남편이 아닌 내 뒤에 있던 지성이가 답했다.

"네! 봤어요. 눈에 뭐 튀어나온 거 말하는 거죠? 그런데 그 선생님 너무 좋아요. 설명도 잘해 주고, 나한테 귤도 줬어요."

순수한 아이는 그 사람의 행동을 보고 그 사람이 좋은 사람이라고 판단하는데, 부끄러운 성인인 나는 그 사람의 극히 일부인 사마귀만 보았던 것이다. 아들에게 사람을 올바로 보는 법에 대해서 배운 하루였다.

　이런 순수함은 평생 간직해도 좋으련만 요즘은 스마트폰의 영향으로 순수함을 더 빨리 잊어버리는 듯하다. 초등학생들도 연예인을 따라서 유행하는 색깔의 틴트를 입술에 바르고, 얼굴에 기초화장은 기본으로 하고 다니며, 눈썹도 자신의 얼굴형과 비슷한 연예인을 따라 그린다. 예쁜 사람의 기준을 '외모'로 정해 버린 것이다. 너는 너대로 예쁘고, 나는 나대로 예쁜 것이 아니라, 눈이 크고 쌍꺼풀이 있고, 속눈썹이 길고 코는 오똑하며 입술은 적당히 도톰한 사람이 예쁜 사람으로 정형화되어 있다. 너무 어린 나이부터 잘 꾸며진 연예인의 이미지에 노출이 되기 때문이다. 바로 스마트폰으로 말이다.

　TV로 연예인의 모습을 보는 것으로 모자라 이제는 보편화된 스마트폰을 들고 다니면서 하루에도 수십 번 연예인들의 화려한 이미지를 보니 예쁜 사람에 대한 기준이 어린 나이에 형성되어 버리는 것이다. 아직 자아에 대한 정체성도 확립되지 않은 어린 나이에 너무나도 완벽하게 꾸며진 연예인, 유명인의 사진과 동영상을 스마트폰으로 접하는 것은 잘못된 미의식을 심어 줄 수 있다. 내면을 먼저 바라보는 눈을 키우기 전에, 외면을 보고 판단하는 사람이 되어 버릴 수 있다. 자신을 있는 그대로 받아들이지 못하는 상태에서 인터넷상에서 예쁘다고 생각되는 미의 기준을 좇아서 자신을 꾸미는 사람이 될 확률이 높다. 우리 아이가 어린 나이에 연예인을 따라 화장하고 꾸미는 모습을 원치 않는다면 아이에게 스마트폰을 주는 행동을 지금부터 멈추어야 한다.

스마트폰으로 생긴 셀피티스 그리고 신체이형장애

요즘 사람들은 '셀카'에 중독되어 있다. 잘 꾸민 나를, 내가 원하는 나의 모습을 셀카를 통해서 확인하고 남겨두고자 하는 것이다. 이에 따라 '셀카 잘 나오는 카메라', '셀카 잘 찍는 법' 등이 큰 인기를 얻고 있다. 구글에 셀카 잘 찍는 법을 검색하면 무려 81만 7천 개의 검색결과가 나올 정도다.

셀카는 마약처럼 중독성이 있어서 한 번 찍기 시작하면 헤어 나오기 힘든 특성이 있다. 그래서 미국 정신의학회에서는 셀카를 자주 찍어서 SNS에 올리는 사람을 '셀피티스(selfitis)'라고 명명하며 하나의 정신질환으로 규정하였다. 하루 3번 이상 셀카촬영을 하는 것은 '경계 셀피티스', 3번 이상 셀카를 SNS에 게시하는 것은 '급성 셀피티스', 하루 6번 이상 셀카를 찍고 게시하는 것을 '만성 셀피티스'라고 하여 그 심각성에 따라 3단계로 구분하였다. 생각보다 셀피티스의 셀카 횟수 기준이 낮아서 놀랐는가? 셀카를 매일 찍는다는 것 자체가 미디어의 영향에서 벗어나지 못하고 있다는 것을 말하기 때문이다.

영국의 다나 보먼이라는 10대 소년은 완벽한 셀카를 찍을 수 없다는 이유로 자살시도를 하기도 했다. 그는 15세 때부터 하루에 10시간 이상

약 200장이 넘는 셀카를 시도하였다. 그래도 마음에 드는 셀카를 찍을 수가 없어서 13.6kg를 감량하기도 하고, 학교도 자퇴하고 방에 틀어박혀서 셀카만 찍어댔다. 하지만 그렇게 집중을 해도 마음에 드는 완벽한 셀카를 얻을 수 없자 자살을 시도했다. 그가 오직 신경 쓴 것은 손을 뻗으면 닿는 곳에 스마트폰을 두는 것뿐이라고 한다. 그래야 언제든 셀카를 시도할 수 있기 때문이다. 다행히도 그의 자살시도는 실패로 끝났다고 한다.

미국 안면성형 및 재생수술 학회 역시 셀카에 대해 비판적인 입장이다. "인스타그램, 스냅챗, 페이스북 등 이미지를 기반으로 한 SNS는 사람들로 하여금 자신의 이미지를 샅샅이 살펴보게 할 뿐 아니라 자기 자신을 더 비판적인 시각으로 바라보게 만든다"라고 말하며 셀카로 인해 사람들이 외모를 향상시키고 싶은 욕구와 더불어 자신의 외모를 비판적으로 바라보게 되는 경향이 생긴다고 하였다. 결국 SNS에 과한 집착, 셀카에 대한 집착은 결국 자존감 하락을 불러 모든 활동에서 위축된다.

최근 국내의 한 인터넷 사이트에서는 초등학생들이 자신들의 셀카를 직접 찍어 올리면 투표를 많이 받은 사람이 승자가 되어 또 다른 승자와 겨루면서 최종 승자를 가르는 토너먼트 형식의 '초딩미인대회'가 놀이처럼 유행하고 있다. 초등학생의 미인대회라니, 장난이라고 치부하기에는 외모지상주의가 어린아이들에게까지 침투된 것만 같아 씁쓸하기 그지없다. 어린 나이 때부터 외모를 최고의 가치로 알고, 자신의 외모에 집중하게 만드는 것은 건강한 정신을 키워내지 못한다. 이러한 현상은 어린 학생들의 스마트폰 보급률이 높아지면서 무방비로 인터넷과 SNS에 노출되어 생겨난 것이다.

셀카의 유행과 함께 미디어를 통해 쏟아지는 아름답고 섹시한 수많은 이미지로 인해 새로 생긴 병이 또 하나 있다. 바로 신체이형장애라는 것인데 영어로는 'Body Dysmorphic Body'라고 하여 'BDD'라고 보통 말하며 우리나라에서는 '깨진 거울 신드롬'이라고 더 잘 알려져 있다. 스마트폰을 통해 완벽한 이미지에만 노출되다 보니 자신의 사소한 흠에 집착하게 되는 것을 이르는 장애이다. 타인은 쉽게 알아차리지 못하는 자신의 외모나 신체 결점, 예를 들어 코 옆에 난 작은 점이라든가 왼쪽 눈보다 조금 작은 오른쪽 눈, 두꺼운 팔뚝 등에 대해서 지나치게 부정적으로 왜곡하거나 과장해서 생각하는 것을 일컫는다.

앞서 언급한 셀카에 집착하는 것도 BDD의 증상으로 최근 추가되었다. 전문가에 의하면 BDD 환자의 3분의 2 이상이 셀카에 집착하는 증상을 보이며, BDD 환자의 수는 영국 '텔레그래프지'에 의하면 미디어가 쏟아 붓는 완벽한 이미지의 수와 비례하여 증가하고 있다고 한다. 미디어가 매일 쏟아내는 수많은 스타들의 무결점 사진이 스마트폰으로 엄청나게 소비되면서 BDD 환자의 수 또한 늘어나고 있는 것이다. 이런 정신장애는 쉽게 고치기가 힘들다는 것이 무엇보다 큰 문제이다. 감기는 시간이 지나면 낫고, 상처는 시간이 지나면 아물지만 정신장애는 짧은 기간에 치료하기가 매우 어렵다고 한다.

 셀피티스와 BDD 장애는 스마트폰의 폭발적인 소비와 함께 급격하게 증가하고 있다. 스마트폰을 하지 않았을 때에는 TV를 켜서 광고나 드라마를 볼 때나 마주했던 완벽한 이미지가 이제는 스마트폰을 통해서 시도 때도 없이 홍수처럼 쏟아지고 있기 때문이다. 스마트폰으로 그들의 이미지를 덜 보면 해결되는 문제가 아니냐고 말하지만, 현실 속의 내가 마음에 들지 않을수록 즉 자존감이 낮을수록 오히려 이상적인 아름다움을 고루고루 갖춘 이들의 사진을 더 찾아보게 되는 것이 일반적인 심리다.
 이런 셀피 현상이나 BBD 장애의 끝은 '성형수술'이다. 벨기에서 이뤄진 연구에 따르면, 코 성형수술을 하기 위해 병원을 찾은 환자의 1/3은 신체이형장애에 해당된다고 한다. 아름다운 얼굴의 소유자임에도 불구하고 작은 결점에 집착하며 성형수술을 선택한 이들을 보면 이해가 안 되기도 하고 안타깝기도 하다. 이러한 선택은 자존감 부족에서 비롯된다. 자존감 부족은 아이에게 온전한 관심과 믿음, 사랑을 주지 못한 부모 탓이다. 아이와의 시간을 '스마트폰'으로 때우는 것이 아니라 '사랑으로 채운다면 아이의 자존감은 높아질 것이다.

스마트폰의 영향으로 화장하는 10대들

지난주에 집 앞에 있는 화장품 가게가 50% 세일을 하기에 평소 사용하는 비비크림을 미리 구매할 생각으로 가게에 들어갔다. 가게에는 교복을 입은 학생 3명이 열심히 화장품 샘플을 테스트해 보면서 화장품 이야기에 빠져 있었다. 아직 화장하기에는 너무 어리지 않은가 생각을 하면서 비비크림을 사려는데, 한 학생이 내가 사려는 제품과 같은 것을 바구니에 담았다.

'30대 중반인 내가 쓰는 화장품을 10대가 쓴다고?'

10대가 화장을 한다는 사실이 피부에 와 닿는 순간이었다. 뷰티업계에 따르면 10대 화장품 시장은 매년 20%씩 성장해 2016년에는 연간 3천억 원 규모로 커졌다고 한다. 전체 화장품 시장의 규모가 10조 원인 것을 생각하면 아직 작은 비중이지만 10대의 화장품 시장이 형성되기 시작하였다는 점, 점차 화장 연령이 더 낮아지고 심지어 남학생들까지 화장에 관심을 보인다는 점에 주목할 필요가 있다.

한 교복업체의 조사에 의하면 41%가 초등학생 때 화장을 시작하였고, 53%가 중학생 때 화장을 시작하였다고 한다. 화장을 한다고 답한 학생 중엔 남학생도 일부 포함되어 있었다. 이미 이들은 스마트폰으로 그들은 누구보다 많은 '메이크업 노하우' 동영상을 시청하고 있으며, SNS와 인터넷을 통해서 누구보다 많은 완벽하게 꾸며진 '연예인 사진'을 매일 보고 있다.

실제 조사에서도 화장 유경험자 중 절반은 메이크업 노하우나 뷰티 정보를 주로 유튜브에서 얻는다고 답했다. 페이스북이나 인스타그램 등 SNS에서 뷰티 정보를 얻는다는 답도 23%로 2위에 올랐다. 즉, 모든 뷰티 정보를 스마트폰을 이용해서 얻는 것이다. 이렇게 10대 화장인구가 증가하고, 화장품 시장이 커지자 식품의약품안전처는 9월부터 화장품 유형에 13세 이하의 초등학생을 대상으로 하는 어린이용 제품류를 추가하기로 했다. 실질적으로 10대의 화장품 사용을 막기는 힘드니 안전한 제품을 생산할 수 있도록 관리하겠다는 뜻이다. 실제 식약처 관계자도 어린 학생은 화장품을 사용하지 않는 것을 가장 권하지만, 최근 몇 년 사이 어린 세대의 화장이 증가하는 추세인 만큼 관련법이 필요하다고 판단했다고 말했다.

삐뚤어진 10대들의 미의식

청소년의 대부분이 하루에 2~4시간 스마트폰을 사용하는데 이들은 시간이 생길 때마다 자신들이 좋아하는 배우와 가수의 이미지를 보고, 동영상을 시청한다. 그리고 유튜브에 접속하여 뮤직비디오 외에도 화장법, 뷰티 노하우 등을 시청한다. 뷰티 프로그램의 주 시청자도 10대와

20대이다.

10대들은 내면보다 외면을 꾸미는 데 더 시간을 들이고 마음을 쓴다. 잘못된 미의식을 가지고 있는 아이들에게 전 세계에서 가장 아름다운 사람으로 기억되는 오드리 햅번의 이야기를 들려주고 싶다. 아름다운 사람은 세상에 수도 없이 많지만 '오드리 햅번'을 아직도 우리가 기억하는 것은 외면만큼이나 아름다웠던 그녀의 내면이 사라지지 않고 남아있기 때문이다.

"아름다운 입술을 가지고 싶으면 진실한 말을 해라.
사랑스러운 눈을 갖고 싶으면 사람들에게 좋은 점을 보아라.
날씬한 몸매를 가지고 싶다면 너의 음식을 배고픈 사람과 나누어라.
아름다운 머리카락을 가지고 싶다면 하루 한 번 이상
어린이가 손으로 내 머리를 쓰다듬도록 해라.
내가 더 나이가 들면 손이 두 개라는 걸 발견하게 될 것이다.
한 손은 너를 위한 손이고, 다른 한 손은 다른 사람을 위한 손이다."

Smart Solution - 이렇게 해보세요!

건강한 자아와 높은 자존감을 가지고 있는 아이들은 외모에 크게 신경 쓰지 않는다. 외모는 부차적인 것이며 외모보다 중요한 것은 내면이란 것을 알기 때문이다. 스마트폰으로 계속 연예인의 사진을 보고 있는 아이에게 어른들이 옆에서 아무리 '외모는 그렇게 중요한 것이 아니야'라고 매일 외쳐 봤자 아무 소용이 없다. 아이들의 이미지 소비를 줄이고, 자존감을 높일 수 있는 방법은 어떤 것이 있을까?

첫째, 자아정체성이 확립되기 전에는 스마트폰 대신 폴더폰

우리 아이가 제대로 된 자아의식, 자아정체성을 가지기 전까지는 스마트폰을 사주지 않는 것이 가장 바람직하다. 마이크로소프트 창업자 빌 게이츠도 자신의 세 자녀에게 만 14세까지는 스마트폰 사용을 철저히 금지시켰다. 자아정체성 형성시기를 정의하는 것은 사람마다 다르겠지만 빌 게이츠의 만 14세를 기준으로 삼아보는 것은 어떨까. 아이들 스스로 나에 대한 정의, 아름다움에 대한 정의 등이 머릿속에서 정리되지 않은 상태에서 미디어에서 쏟아내는 온갖 자극적이고 아름다운 이미지와 글은 삐뚤어진 시각을 갖게 만들기 쉽다. 스티브 잡스도 한 대담에서 "자녀들은 아이패드를 잘 사용하느냐"는 질문에 "우리 아이들은 아이패드를 사용하지 않는다"라고 답했다. IT 업계 세계 1위인 사람이 자신의 자녀교육에 스마트폰, 아이패드를 사용하지 않는 이유를 다시 한 번 되새겨 봐야 한다.

둘째, 아이들에게 SNS 밖의 다양한 세계를 보여 주기

아이들에게 제3세계를 다룬 다큐멘터리를 함께 시청하는 것도 도움이 된다. 이상적인 모습에만 노출되었던 아이들에게 브라질 빈곤층의 모습, 인도의 아이들이 병원 치료를 받기 위해 몇 날 며칠 병원 앞에 줄 서 있는 모습, 부탄의 원주민이 살아가는 모습 등 다양한 세계를 보여 주는 것 또한 부모의 몫이다. 연출되고 꾸며진 모습이 아닌 자연 속에서 살아가는 사람들, 화장은커녕 아파도 병원치료도 받지 못하는 사람들, 총격전 때문에 매일 매일 목숨을 걸고 학교에 다녀야 하는, 늘 위험이 도사리고 있는 환경 속에 사는 아이들을 보여 주면 아이들도 스스로 스마트폰 속의 꾸며진 모습만이 세상의 전부가 아니라는 것을 깨닫게 될 것이다.

이런 자료를 아이들에게 보여 줄 때에는 최대한 자연스럽게, 세상에 신기한 일이 많다고 호기심을 불러일으키며 보여 주는 것이 좋다. 교육적으로 접근하기보다는 아이의 흥미를 자극하여 자연스레 시청할 수 있도록 하자. 외모를 꾸미는 것만이 제일 중요하다 생각하던 아이들에게 정말 중요하고 감사한 것은 따로 있다는 것을 깨닫게 해주자. 내가 가진 것에 감사하는 마음을 가지면 자아도 건강해지면서 내면이 아름다운 아이가 될 것이다.

셋째, 부모가 제3세계의 아이들을 후원하는 모습을 보여 주기

직접 후원을 하는 모습을 아이들에게 보여 주는 것도 좋다. 마음 따뜻한 행동을 부모가 직접 행하는 것을 보면 최고의 효과가 있을 것이다.

남편은 자신이 승진하여 연봉이 오를 때마다 후원하는 아이를 한 명씩 늘릴 거라고 연애시절부터 말했었다. 그리고 그 약속을 지켜 대리로 승진하였을 때 후원 아이를 두 명으로 늘렸고, 과장으로 승진하고 나서는 한 명을 더 후원하여서 현재 총 세 명의 아이들을 매달 후원하고 있다. 크리스마스나 새해가 되면 후원받은 아이들이 직접 쓴 손 편지와 사진을 받는다. 우리 부부는 그것을 우리 아이들에게 보여 주면서 이 세상에는 태어날 때부터 먹을 것이 없고, 아파도 치료받을 수 없는 어려운 아이들이 있어서 우리가 도와줘야 한다고 설명해 준다. 그리고 우리가 안전하고 따뜻하게 쉴 수 있는 집이 있고, 맛있는 음식을 먹을 수 있는 것에 늘 감사해야 한다고 말한다. 이 세계는 인터넷이나 SNS에서 보는 화려한 사람들만이 아닌 다양한 사람들이 살아가는 곳이란 것을 알려 줘야 한다.

넷째, 매일 매일 예쁘다고 말해 주기

우리 아이들에게 '자신이 얼마나 소중한지'를 매일 들려주자. 아이들에게 자신이 얼마나 사랑스럽고 예쁜지, 얼마나 소중한 존재인지 '세뇌' 시키는 것이다. 나는 무슨 버튼이라도 있는 것처럼 아이들만 보면 "아우 ~ 예쁘다 예뻐. 언제까지 예쁠 거야! 너무 예뻐"라는 말이 자동적으로 나온다. 처음에는 출산 후 우울증 때문에 아이가 예뻐 보이지 않아, 일부러 습관처럼 내뱉기 시작한 것인데 하도 반복적으로 말하다 보니 이제는 정말 우리 아이들이 세상에서 제일 예뻐 보인다. 내가 나에게 세뇌를 시킨 격이다.

못생긴 역할을 많이 하는 개그우먼 박지선은 자신이 토크쇼에서 말하기를 자신은 자신이 못생긴 것을 TV에 나오기 전까지는 인지하지 못했다고 한다. 항상 부모님이 "우리 딸 예쁘다"라고 말을 해줘서 자기는 자신이 진짜 예쁜 줄 알았다고 한다. 그리고 그녀의 그런 당당함 때문인지, 우리 눈에도 박지선은 매력적으로 보인다. 이것이 바로 부모가 해줄 수 있는 가장 근사한 일이다. 내면의 자존감을 키워 주는 일! 오늘 지금 당장 우리 아이들에게 "정말 소중한 존재이다. 너는 먹는 모습도 정말 예쁘다, 너는 입 벌리고 자고 있을 때에도 정말 사랑스럽다. 너는 눈이 정말 반짝반짝 아름답다"라고 이야기해 주자. 장담컨대, 스마트폰을 중간 중간 보지 않고 아이에게만 몰입해서 있다 보면, 아이의 예쁨이 구구절절 느껴진다. 잇몸에서 나오려고 하는 하얀 이빨과 볼에 있는 솜털까지 사랑스럽다. 아이들은 예쁘다는 이야기를 많이 들으면 자연스레 자신의 외모를 더욱 사랑하게 되어, '인터넷 속 이상적 이미지'를 추구하면서 느끼는 공허함은 줄어들 것이다.

스마트폰으로 아이가 시간을 보내게 하면 아이의 자존감은 떨어지겠지만, "아이에게 너는 정말 아름다운 사람이다", "소중한 사람이다"라고 말해 준다면 아이의 내면은 자신에 대한 확신과 행복으로 가득찰 것이다. 나는 아들에게 '소중한 사람'이라고 자주 말을 하는데, 내가 겨울에 감기에 걸려서 누워 있으니 당시 4살이던 아들이 나에게 와서 이렇게 말해 주었다.

"엄마는 정말 소중한 사람이에요. 아프지 마세요."

내가 아이를 소중하게 대하면 아이들은 더 소중하게 나를 대해 줄 것이다. 지금 힘들다고 이렇게 보석 같은 아이들에게 스마트폰을 내어 주지 말자. 소중한 사람은 소중하게 다루어야 더욱 빛난다.

key point!

* 자녀의 스마트폰 사용 시기는 되도록 늦추자. 자아정체성이 확립되기 전에 인터넷으로 자극적인 이미지를 많이 접하는 것은 좋지 않다. 빌 게이츠는 세 자녀에게 만 14세까지 스마트폰을 사주지 않았고, 스티브 잡스도 자녀들의 태블릿 PC 사용을 못하게 하였다.

* 어려운 세상의 모습을 보여 주자. 화장은커녕 아파도 병원치료도 받지 못하는 사람들, 총격전 때문에 매일 매일 목숨을 걸고 학교에 다니며, 위험 속에 살아가는 다른 세계의 아이들을 보여 주면 스마트폰 속의 꾸며진 모습만이 전부가 아니라는 것을 깨달을 것이다.

* 아이들에게 '네가 얼마나 예쁘고 소중한 존재인지' 매일 매일 들려주자. 세상에서 가장 예쁜 존재임을 스스로 인지할 수 있게 하자. 자신을 아름답게 받아들이는 아이는 자존감이 높아질 수밖에 없다.

Chapter 4

대인관계에 서툰 아이들

대인관계를 배우는 시간이 스마트폰으로 채워지다

부모로서 가장 속상할 때는 자녀가 아플 때일 것이다. 그런데 아이가 아플 때만큼이나 마음이 찢어지는 때가 아이가 친구들과 잘 어울리지 못할 때이다. 특히 어린 시절에는 또래관계가 매우 중요하여 또래집단에서 문제가 생기면 아이들은 쉽게 우울증에 걸리기도 하고, 학교생활 자체에 흥미를 잃거나 심한 경우 삶 자체에 흥미를 잃기도 한다. 그만큼 어릴 때일수록 대인관계가 중요하다. 하지만 스마트폰 때문에 많은 아이들이 대인관계 맺는 법을 배우지 못하고 있다.

가족들과 이야기하면서 의사소통의 기본예절과 즐거움을 익히면서 커야 할 아이들은 요즘 언제 어디서나 스마트폰과 함께 시간을 보낸다. 식사 시간에도 스마트폰 동영상을 보거나 게임을 하면서 밥을 먹는 아이들이 있다. 식사를 하는 것인지 휴대폰 화면을 보면서 입에 무언가를 넣고 기계적으로 부수어 몸속으로 집어넣는 것인지 분간하기가 어렵다.

동영상에 빠져 있는 아이에게 밥을 먹이면서 어른들이 꼭 하는 말이 있다.

"꼭꼭 씹어 먹어."

하지만 아이들은 동영상에 빠지게 되면 주의를 화면에 빼앗기기 때문에 씹는 행위에 집중을 할 수 없다. 사람은 원래 한 가지 이상 집중하기 어렵다. 식사 자체에 집중하지 못하는 것도 문제이지만, 스마트폰과 함께 식사를 하는 아이들은 기본적인 상호작용을 배우지 못한다. 식사 시간은 가족들과 이야기를 하면서 맛있는 음식을 먹는 시간이다. 아이들은 식사자리를 통해서 기본적인 식사예절을 배우고, 말이 오고가는 상황에 자연스럽게 노출이 되면서, 상대방과 눈을 마주치고, 상대방의 이야기에 귀 기울이고, 상대방의 마음을 헤아리는 법을 배운다.

식사 시간뿐만이 아니다. 아이들이 어른과 이야기하며 장난치며 보내는 시간은 기본적인 인간 사이의 상호작용을 배우는 시간이다. 눈을 보면서 대화를 나누면 '오늘은 아빠가 많이 피곤해 보이니 좀 도와드려야겠다'라든가, '오늘은 동생이 아프니까 잘 해줘야겠다'는 등의 생각과 상호작용을 경험하는 것이다. 그런데 요즘 아이들은 스마트폰이나 TV와 함께 식사를 하고, 사람이나 장난감 대신 스마트폰 또는 TV와 함께 놀다 보니 기본적인 상호작용을 익히는 기회를 상실하였다.

반대의 경우도 있다. 아이는 스마트폰을 하지 않지만, 엄마아빠가 스마트폰에 정신을 빼앗겨 아이와 눈을 마주쳐 주지도 않고, 대화도 하지 않는 경우도 상당수다. 스마트폰 없이 부모와 충분한 대화를 나누는 우리 아들은 아빠가 회사에서 돌아와 피곤한 모습을 보이면 잠깐이나마 작은 손으로 어깨를 주물러 준다. 얼마 안 되는 시간이라도 아빠를 위하는 마음이 고스란히 전해지기에 충분한 시간이다. 그걸 보면 딸은 덩달아 자신이 할 수 있는 예쁜 표정 애교를 보여 주며 아빠에게 힘을 준다. 이게 바로 상호작용이다.

그런데 이 일상의 소중한 시간이 틈틈이 스마트폰으로 채워지고 있다. 다 같이 각자 스마트폰을 보면서 쉬고, 차로 이동할 때에는 각자 동영상을 감상하고, 밥 먹는 시간에는 TV를 보거나 각자 스마트폰을 보고, 자기 전에도 각자 스마트폰으로 본인이 하고 싶은 것을 하다가 잠드는 생활을 하고 있다.

그러다 보니 '배려'라는 것을 배울 틈이 없다. 그저 나 하고 싶은 것을 나 혼자 하면 된다. 나 혼자 편하면 된다는 생각이 지배적인 사고방식이 되어서 친구 또는 제3자를 배려하는 인식도 점점 사라지고 있다. 한 초등학교 선생님의 "요즘 아이들은 다 똑똑한데 상대방을 너무 배려하지 않아서 힘들다"라는 하소연이 틀린 말이 아니다. 학교에서의 왕따 문제도, 사이버 폭력 문제도, 어른들의 이기적인 도로 주정차 문제도 상대방을 배려하는 마음 없이 오직 내가 하고 싶은 것만, 내가 편리한 것만 하려는 마음 때문에 더욱 심각해지고 있다.

상호작용을 방해하는 스마트폰

에섹스(Essex) 대학은 '폰의 존재가 어떻게 새로운 사람과의 상호작용을 방해하는지'에 대한 연구를 진행하였다. 서로 알지 못하는 74명을 모집한 뒤 두 그룹으로 나누어 최근에 있었던 재미있는 일에 대해 10분 동안 이야기를 나누게 하였다. A그룹은 자신의 휴대폰을 가진 채로 이야기를 나누게 하였고, B그룹은 휴대폰 없이 종이만 가지고 이야기를 하게 하였다. 10분 뒤 관계 만족도 평가서를 작성하게 했다. 그 결과 휴대폰과 함께 대화에 참여한 그룹의 점수가 휴대폰 없이 대화를 나눈 그룹보다 현저히 낮게 나왔다. 휴대폰이 있어 함께 있는 사람에게 온전히 집중을 하지 못한 것이다.

이는 요즘 아이들에게 나타나는 현상으로 어린 나이 때부터 스마트폰으로 놀다 보니 친구들과 함께 어울려 노는 것을 어려워한다. 그래서 여럿이 같이 있어도 각자 스마트폰을 보고 있고, 관계가 조금만 틀어져도 불편함을 크게 느껴서 그냥 혼자 스마트폰을 가지고 노는 것이 편하다고 생각한다. 하굣길에 혼자 스마트폰을 들고 집으로 걸어가는 아이들이 종종 보인다. 스마트폰이 없던 시절에는 친한 친구들이 삼삼오오 모여 시끌벅적하게 떠들며 하교하는 것이 당연했는데 요즘은 혼자서 스마트폰으로 게임을 하며, 좋아하는 가수의 노래를 들으며 하교를 한다.

또 다른 실험에서는 한 그룹은 휴대폰을 손에 쥐지 않고 테이블 위에 올려놓기만 하고, 통제그룹은 아예 휴대폰이 없이 낯선 사람과 이야기만을 나누게 하였다. 대화 종료 후 평가를 해보니 휴대폰이 테이블 위에 놓여 있던 그룹보다 휴대폰 없이 대화를 나눈 그룹의 만족도가 더 높게 나왔다. 단순한 휴대폰의 존재 자체가 상대방에게 나보다 휴대폰을 더 중요시 하는 것 같은, 그래서 상대방이 무시당하는 느낌을 갖게 한 것이리라.

친구와 즐겁게 이야기를 하려고 하는데 친구가 자꾸 휴대폰에 주의를 줘서 이야기가 끊기고, 속으로 화가 났던 경험을 한두 번 정도 다 해보았을 것이다. 나도 한 번은 아들 친구의 엄마가 같이 놀자고 해서 신나서 만났는데, 그 엄마가 손에서 스마트폰을 놓지 않고 끊임없이 눈과 손을 스마트폰에다 주는 바람에 대화다운 대화를 한 번도 나누지 못한 적이 있다.

"요즘 날씨 좋은데 주말에는 뭐하고 지내세요?"
"아, 요즘 날씨 정말 좋죠. 아 잠시만요."
(침묵)
"아, 날씨가 좋지요? 아, 친구가 자꾸 말을 걸어서 잠시만요."

이렇게 말하고는 계속 스마트폰으로 채팅을 하여서 대화가 계속 끊기기 일쑤였다. "아, 잠시만요"라는 말만 50번 넘게 들은 것 같다. 지친 나는 더 이상 질문을 하거나 대화를 이어가려는 노력을 기울이지 않았다. 그렇게 우리는 두 시간 반이나 함께 있었지만 대화다운 대화를 전혀 나누지 못했다. 주변의 소음도 아니고, 옆 테이블에 앉은 커플의 싸움도 아니고, 휴대폰이 대화를 방해하다니. 10년 전에는 상상도 해보지 못한 일이다. 스마트폰 때문에 사람과 사람 사이에 자연스럽게 이루어지던 교류가 점점 사라지고 있다.

진짜 대화가 우리에게 주는 것

인생에서 친구와 이야기하는 것만큼이나 우리에게 행복을 가져다주는 일은 없다. 이를 증명하기 위해서 부산대학교 간호학과 김명희 교수 팀은 재미난 실험을 설계하였다. 여성 57명을 두 그룹으로 나눈 후에 한 그룹은 주 1회 두 시간씩 만나서 비밀유지를 약속하고 어릴 적부터 현재까지의 삶에 대해서 자유롭게 이야기하게 하였다. 그리고 다른 그룹은 아무런 특별활동도 하지 않고 일상생활을 하던 그대로 하게 하였다. 6주 후에 이들은 모두 모여서 실험을 하기 전에 실시했던 우울감과 자아존중감을 한 번 더 검사하였다. 그 결과 이야기를 나눈 그룹의 우울감 점수는 실험 전 24.68점에서 실험 후 20.37점까지 줄었고, 자아존중감은 실험 전 25.34점에서 실험 후 29.10점으로 높아졌다. 아무런 규칙이나 제재를 가하지 않은 다른 그룹은 실험 전과 후의 점수 변화가 거의 없었다.

이렇듯 친구와의 오프라인 대화는 우울감을 낮추어 주고 자아존중감을 높여 주는 아주 큰 역할을 한다. 한마디로 한 사람의 행복에 친구와의 이야기는 아주 중요하다. 정신건강의학과 교수는 이를 두고 이렇게 말했다.

> "스트레스가 심한 사람의 이야기를 충분히 들어 주고 공감하는 것은 정신과 의사들이 흔하게 사용되는 면담 기법이다."

나는 아이를 낳고 아이들의 심리를 이해하고 싶어서 1년간 대학교에서 심리학 공부를 했다. 그때 배운 심리학 대가들이 새내기 심리학자에게 강조하는 자질 첫 번째가 바로 '경청과 공감'이었다. 내 이야기를 잘 들어 주고 공감해 주는 한 사람만 있어도 우리의 스트레스 지수는 낮아지고 행복지수는 높아진다고 한다. 그것은 진정한 친구나 가족과의 대화를 통해 가능한 일이다. 그리고 어린아이들에게는 부모와의 대화가 유일한 방법이다.

자연스럽게 학교에서 배울 수 있었던 대인관계가 이제는 대인관계 '기술'이라는 단어가 붙어도 어색하지 않은 배워야만 익힐 수 있는 '기술' 같은 존재가 되고 있다. 스마트폰이 생기면서 혼자 있어도 어색하지 않고, 굳이 어려움과 부끄러움을 무릅쓰고 남에게 말을 걸지 않아도 되기 때문이다. 하지만 그 결과 예전보다 더 많은 사람들이 외로움을 느끼고 있고, 그래서 더욱 스마트폰에 빠지는 악순환이 계속되고 있다.

현실세계에서 친구와의 관계가 원만하지 않아서 그 허전함을 달래려고 온라인 세계에서 친구와의 공감형성 욕구를 충족시키려는 새로운 움직임이 나타나고 있다. 카카오톡 친구 혹은 페이스북 친구를 온라인에서 찾아서 카카오톡과 페이스북에서 친구처럼 지낼 수 있게 해주는 사이트의 등장이 바로 그것이다. 생각보다 많은 사람들이 이용하고 있는 이 사이트는, 스마트폰으로 채팅을 하고 싶은데 채팅을 할 친구가 없는 사람들에게 사이트에서 SNS 친구를 대신 찾아 준다. 그렇게 찾은 친구와 카카오톡으로 실제 친구처럼 일상적인 대화를 이어나가기도 하고, 페이스북 친구의 경우에는 내가 게시물을 올릴 때마다 '좋아요'를 눌러 주고 댓글을 달아 준다. 이를 통해 온라인상에서의 친구를 사귀고 내 존재를 인정받는 것이다.

온라인에서 친구를 찾는 주 연령층은 10대와 20대라고 한다. 요즘 젊은 세대가 현실에서의 대인관계에서 외로움을 많이 느끼는 듯하다. 그러나 이들 중에서 과연 몇 명이나 내가 실제로 아플 때 나를 위로해 주러 올 것이며, 내가 배가 고파서 떡볶이를 먹고 싶을 때 우리 동네로 달려와 줄 것인가? 온라인상에서의 친구는 허상에 불구하다. 실제 이렇게 SNS 친구를 만들어서 몇 달을 SNS에 빠져 살았던 한 학생은 언론과의 인터뷰에서 "SNS 친구를 만들어 그 세계에 집중하는 동안 진짜 나를 잃어버린 듯한 느낌이었다. 남는 것이 없다"라고 밝혔다.

스마트폰에서 친구와 대화를 하고, 또 새로운 온라인 친구를 만나는 것은 일시적으로 즐거운 일일 수 있다. 하지만 진정한 친구란 오프라인에서 눈을 마주치며 대화를 나누는 친구이다. 스마트폰을 '대인관계'를 위해 사용한다고 말하는 사람이 많지만, 정작 스마트폰 때문에 진짜 중요한 인간관계를 맺지 못하고 있는 것은 아닌지 돌이켜볼 일이다. 스마트폰으로 그 어느 때보다 많은 사람과 많은 교류를 하고, 대화를 나누고 있는 요즘이지만 외로움을 느끼는 인구는 그 어느 때보다 많다고 하니 안타까울 따름이다.

관계가 좋은 사람이 행복하고, 학습의욕도 높다

세계적인 행복 권위자인 에드 디너 교수와 긍정심리학의 저자 마틴 셀리그만 교수가 함께 〈매우 행복한 사람들(Very Happy People)〉이라는 논문을 발표하였다. 그들은 222명을 대상으로 행복을 측정한 뒤 점수에 근거하여 가장 행복한 상위 10%를 집중분석했다. 행복 상위 10%와 그 외의 90%의 가장 큰 차이점은 무엇이었을까?

바로 '관계'였다. '다른 사람들과의 매우 풍부하고 만족스러운 관계'가 그들이 행복한 이유였다. 10%는 90%의 사람들에 비해서 혼자 있는 시간이 적었고, 사람을 만나고 관계를 유지하는 데 많은 시간을 할애했다. 그리고 상위 10%에 해당하는 22명 중 21명은 조사 당시 결혼을 했거나 이성친구가 있었다. 여기서 사람을 만나고 관계를 유지한다는 것은 페이스북이나 인스타에서 게시물을 올리고 댓글을 달고, 메신저로 채팅하는 것을 의미하지 않는다. 오프라인 만남을 의미한다.

친구는 나의 모든 것을 마음 놓고 이야기할 수 있는 존재이다. 배우자나 이성친구도 마찬가지로 무슨 이야기든지 마음껏 할 수 있는 존재이다. 그래서 주변에 좋은 친구나 배우자가 있으면 우리는 훨씬 행복하다고 느끼는 것이다. 나는 남편과 사이가 좋은 편이다. 남편이 회식을 해서 늦게 와도 나는 졸면서 남편을 기다린다. 남편과 대화를 해야 하루의 피로가 풀리고, 행복이 몸속에 가득 채워지기 때문이다. 나의 이야기를 잘 들어 주는 남편이라는 한 사람으로 인해 나는 큰 행복감을 느낀다. 그것이 주는 정서적 안정과 행복감을 알기 때문에 더욱 아이들의 말에 귀를 기울이고 대화를 많이 나누려 한다.

최근 듀오휴먼라이프연구소가 한국의 미혼남녀 500여 명, 기혼남녀 300여 명을 대상으로 실시한 행복에 관한 설문조사에서도 배우자가 있거나 이성친구가 있는 사람이 더 행복하다는 결과가 나왔다. 아이들에게는 배우자와 이성친구의 역할을 하는 것이 바로 부모형제이다. 가족과 많은 이야기를 나누는 사람일수록 자아존중감이 더 높고, 자신감이 높기 때문에 더 많은 것을 성취할 수 있다. 그리고 무엇보다 더 큰 행복감을 느낀다. 온라인에서의 교우관계는 허무감을 느끼기 쉽다. 지금보다 더 행복해지고 싶다면 스마트폰으로 친구와 채팅을 나누는 시간에 직접 친구를 만나서 눈을 보면서 대화해라. 자녀의 행복을 바란다면, 아이의 눈을 바라보면서 이야기를 나누어라. 아이가 나와 대화함으로써 행복을 마음속에 가득 느낄 수 있게.

나는 인생에서 공부를 가장 많이 한다는 고3때, 오해로 친한 친구와 사이가 멀어졌다. 친구와 문제가 생기니 점수도 같이 뚝뚝 떨어졌다. 친구와 덜 어울리니 학습 시간은 늘어났지만 마음이 불안하고 친구와의 대화로 스트레스를 풀지 못하니 오히려 학업성과가 나빠진 것이다. 자퇴하고 싶은 마음을 꾹꾹 누르며 수능이 끝나기만을, 졸업하기만을 기다린 힘든 시절이었다. 그때를 생각하면 학생시절의 대인관계는 제일 중요하다고 해도 과언이 아니다. 행복의 원천이요, 학습의욕을 높여 주는 원천이 되기 때문이다.

이를 뒷받침하는 연구가 있다. 로체스터 대학의 리처드 라이언 교수는 학교에서 다른 학생들과 건전한 관계를 갖는 학생들이 학습에 대해 더 흥미를 갖는다고 발표하였다. 여기서 집중해서 볼 대목은 '학습에 흥미'를 갖는다는 것이다. 학습결과가 좋다는 사실보다 과정인 '흥미'에 초점을 두고 진행된 이 연구는 대인관계가 좋은 학생들이 더 높은 학습의욕을 보인다고 하였다. 국내의 초등학교 6학년을 대상으로 한 연구를 보아도, 주변 사람들과의 관계가 좋은 학생일수록 학업을 잘해 나갈 수 있다는 믿음이 높았고, 삶의 만족도도 높게 나타났다. 즉, 대인관계가 좋은 학생들이 내가 잘할 수 있다는 '믿음'이 강했고, 학습에 대한 동기부여도 잘되어 있었다.

친구가 없으면 더 빨리 늙는 뇌

대인관계는 우리의 뇌 건강과 뇌 노화에도 영향을 끼친다. 시카고의 알츠하이머 연구소에서는 병에 걸리지 않은 80대 노인들을 대상으로 사회적 교류가 활발한 집단과 그렇지 않은 집단을 나누었다. 4년 후 이들의 인지 기능 변화를 점검해 보니 관계가 활발한 집단이 치매 증상을 보일 확률은 활발하지 않은 집단보다 두 배 이상 낮게 나타났다. 또한 건강하고 활발한 인간관계를 맺고 있는 사람은 병에 걸리더라도 더 빨리 쉽게 회복하는 경향이 있다고 한다. 만나는 사람이 많을수록 접하는 병균이 증가하겠지만, 마음이 건강해지므로 회복도 빨리 하고, 뇌도 느리게 나이가 든다는 것이다. 아울러, 이 연구소는 남을 도우려는 마음을 갖거나, 공동체에 도움을 주면서 보람을 느끼게 되면 뇌도 함께 활성화되어서 젊은 뇌를 가질 수 있다고 하였다. "봉사를 하면 오히려 제가 더 힘을 얻습니다"라고 말하는 봉사자들의 말이 과학적으로 옳은 말인 것이다.

우리는 젊어 보이기 위해 보톡스를 맞고, 피부 관리를 한다. 그러나 뇌가 늙어 버려서 치매에 걸리면 다 소용이 없다는 것을 우리는 안다. 피부가 아무리 팽팽해도 치매에 걸리면 말짱 도루묵이다. 뇌의 젊음을 유지하기 위해서 스마트폰 없이 좋은 대인관계를 만들어 나가자. 모든 습관의 시작은 영유아기이다. 아이들이 어려서부터 튼튼한 대인관계를 맺을 수 있도록, 스마트폰이 아닌 사람과 진정한 대인관계를 맺을 수 있도록 부모가 도와주자.

Smart Solution - 이렇게 해보세요!

요즘 부모들은 아이들의 교육에는 엄청 신경을 쓰지만 아이들의 대인관계는 별다른 문제가 생기지 않는 이상 크게 생각하지 않는 것 같다. 행복감을 위해서도 학습을 위해서도 대인관계는 기본사항이자 가장 중요한 사항이다. 시험 점수가 아무리 높더라도 아이가 대인관계에서 불안을 느끼면 앞에 놓인 크고 작은 수많은 걸림돌 앞에서 그 점수는 무너지기 쉽다. 올바른 대인관계를 위해 스마트폰 사용을 자제하는 방법을 알아보자.

첫째, 스마트폰 없이 친구들과 어울릴 수 있는 시간 만들기

대인관계 때문에 똑똑한 학생들이 무너지는 모습을 수도 없이 보아온 한 중학교 현직교사는 이렇게 말한다.

"요즘 아이들에게 가장 필요한 것은 대인관계이다.
함께 공부하는 상태에서의 친구 말고,
함께 놀고 속에 말을 나눌 수 있는 친구들과의 만남, 어울림이 중요하다."

그리고 그 교사는 자신의 집에 매주 딸의 친구들을 부른다. 밥도 해주고, 금요일 밤이면 함께 파자마 파티를 하는 것을 허락한다. 몇 시까지 놀고 몇 시에 자는지는 신경 쓰지 않는다. 아이들이 서로 싸우지 않고 잘 어울릴 수 있는 게 가장 중요하기 때문이다. 처음에는 종일 시간을 함께 보내면서 싸우거나 토라져서 나가는 친구도 있었고, 교사의 딸도 자신의 물건을 친구들이 사용하는 데에 불편함을 느꼈지만 이제는 서로를 배려하는 게 몸에 익어서 다툼이 없다고 한다. 그런데 이 교사에게도 법칙이 있다. '스마트폰 없이 파자마 파티를 할 것' 온전히 사람과의 어울림에 집중하여 즐거움을 느끼라는 뜻이다.

아이가 친구와 놀 수 있는 시간을 만들어 주자. 건실한 대인관계가 아이의 학습의욕을 높인다. 아이의 하루 일과를 학원으로 꽉 채우고 있지는 않은지, 너무 집에서 TV 또는 스마트폰만 보게끔 하지 않는지 부모의 반성이 필요하다. 아이는 건강하게 친구들과 뛰어놀면서 원만한 인간관계를 맺어야 무엇이든 이루어나갈 수 있다. 위에 언급한 교사의 딸은 파자마 파티를 시작하면서부터 학습의욕이 훨씬 높아졌다고 한다. 그래서 처음에는 친구 엄마들도 파자마 파티를 꺼렸는데 아이들이 모두 학습욕구가 올라가고 성적도 올라가는 것을 보면서 이제는 파자마 파티를 반긴다고 한다. 기본 중의 기본, 아이의 평생 행복을 결정하는 대인관계를 원만하게 맺을 수 있게 부모가 노력하자.

둘째, 부모부터 스마트폰을 내리고 눈을 맞춰 대화하기

아이가 친구와 올바른 관계를 맺기 원한다면, 집에서부터 부모가 아이와 대화 시간을 많이 가져야 한다. 부모부터 아이들과 함께 있을 때에는 스마트폰이 아닌 아이와 대화를 나누면서 아이와 좋은 관계를 쌓아야 한다. 부모와 아이의 관계는 모든 사회관계의 시발점이다. 부모와 관계가 좋은 아이들, 부모와 건전한 관계를 형성한 아이들은 타인과도 좋은 관계를 맺을 수 있다. 부모가 자식의 친구를 대신 사귀어 줄 수는 없다. 부모가 자식의 친구를 대신 선택해 줄 수도 없다. 부모가 자식에게 해줄 수 있는 최선은 '부모부터 자식과 좋은 관계를 맺는 것'이다.

아이가 아직 말을 못해서 할 말이 없다고? 나는 오늘도 말 못하는 딸에게 미역국을 점심으로 주면서 내가 너를 낳고 얼마나 다양한 종류의 미역국을 먹었는지 미역국이 왜 좋은지를 말했다. 네가 입고 있는 옷은 내 대학교 친구가 선물해 준 것인데 그 친구가 요즘 무엇을 하고 있는지를 이야기 했다. "밥 맛있어? 국 뜨거우니까 조심해"라는 말만 하니까 재미가 없는 것이다. 아이는 무슨 이야기를 하든지 정말 잘 듣는다. 나만의 심리치료사 같다는 생각이 들 정도이다. 아이에게 무궁무진한 세상 이야기, 내가 살아온 이야기를 들려주어라. 부모와 튼튼한 대인관계를 쌓은 아이들에게는 앞으로도 사람을 만나고 친구를 만나는 것이 즐거운 일이 될 것이다.

셋째, 실험을 통해 아이에게 대화의 소중함을 알려 주기

아이가 어느 정도 컸다면 스마트폰이 어떻게 친구와의 좋은 시간을 방해하는지를 알려 주는 것도 좋은 방법이다. 자녀와 간단한 실험을 통해, '스마트폰이 테이블 위에 놓여 있는 것'만으로도 친구가 '스마트폰이 나보다 더 소중하구나'라고 느낄 수 있다는 것을 깨닫게 해줄 수 있다.

자녀와 마주보고 앉은 다음 5분은 폰 없이 대화하고, 5분은 폰을 근처에 놓고 대화를 해보자. 그리고 아이와 폰이 있을 때와 없을 때의 느낌에 대해서 이야기를 나눠보자. 아이는 큰 깨달음을 얻을 것이다. 이 때 폰이 없는 상황에서는 어떻게 해서라도 즐거운 대화를 나누어야 한다. 즐거운 대화가 어렵다면, 당신의 아이에 대해서 무지하다는 뜻이니 반성하길! 전략적으로 아이가 좋아하는 소재를 꺼내서 집중도를 높여야 한다. 반대로 폰이 있을 때에는 산만하게 대화를 이어나가자. 아이가 폰이 대화에 방해가 된다는 것을 깨닫게 하는 게 우리의 목적이니까.

아이에게 부모와의 대화, 부모와의 시간은 사회생활의 첫 단추이다. 내가 아이와 있는 시간을 소중히 여기고 그 관계에 최선을 다하는 모습을 보면 아이들은 우리의 행동을 고스란히 따라 할 것이다. 아이와 있는 시간을 소중하게, 즐겁게 보내자!

key point!

* 아이의 평생 행복을 결정하는 원만한 대인관계를 위해 아이가 친구와 실컷 놀 수 있는 시간을 만들어 주자. 대인관계 맺는 법은 어린 시절부터 자연스럽게 익히는 것이다.

* 부모와 아이의 관계는 모든 사회관계의 시발점이다. 부모와 관계가 좋은 아이들, 부모와 건전한 관계를 형성한 아이들은 타인과도 좋은 관계를 맺을 수 있다. 부모가 자식에게 해줄 수 있는 최선은 '부모부터 자식과 좋은 관계를 맺는 것'이다. 아이와 있는 시간만큼은 스마트폰을 내려놓고 아이에게 집중하며 대화를 나누자.

* 스마트폰이 어떻게 친구와의 좋은 시간을 방해하는지를 알려 주면서, 아이와 함께 직접 폰이 대화를 얼마만큼 방해하는지 실험해 보자.

Chapter 5
남에게 상처 주지 않는 아이로 키우기

미첼의 아이팟 사건을 기억하는가?

　미네소타 로체스터에 살던 13살 소년 미첼 허드슨이 이유를 알리지 않은 채 자살한 사건이 있었다. 한 악플러는 그가 자살하기 며칠 전에 자신의 SNS에 남긴 '아이팟 분실'이라는 글을 보고는 '13살 소년 미첼 허든슨, 아이팟 분실로 자살'이라는 조롱의 글을 인터넷에 올렸다. 그런데 이 글이 인터넷상에 급속도로 퍼져 나가면서 여기저기서 미첼 허든슨이라는 아이가 아이팟 때문에 자살했다고 조롱하는 글이 난무하기 시작했다. 한 악플러는 미첼의 SNS 해킹해서 그의 얼굴과 좀비를 합성해서 좀비로 만들어놓았고, 또 다른 사람은 미첼의 묘지에 아이팟을 올려놓고 사진을 찍어 이를 인터넷에 올렸다. 아이팟 분실로 목숨을 잃었으니 죽어서라도 아이팟과 함께 있으라고 조롱한 것이다.
　게다가 미첼의 부모에게 전화를 걸어서 "제가 미첼의 아이팟을 가지고 있어요"라는 장난까지 했다. 미첼을 조롱하는 일은 웹상에서 아이들 사이에 놀이처럼 널리 퍼져서 무려 일 년 반 동안이나 행해졌다고 한다. 부모님의 마음이 얼마나 찢어지고 또 찢어졌을지 상상할 수도 없다.

온라인에서 도대체 왜 이런 끔찍하고 악독한 일이 벌어졌을까? 예전에는 이런 사건이 있어도 한 동네에서 행해지거나, 학교 내에서 행해졌었다. 예를 들어, A학교에서 어떤 일이 발생했는지 다른 동네 학교에서는 알 방법이 없었다. 그래서 A학교에서 어떤 문제를 겪은 학생이 있으면 다른 학교로 전학을 가는 것으로 문제가 해결이 되곤 했었다. 그런데 인터넷이 생기고, 스마트폰이 생기면서 작은 사건도 상상을 초월할 정도로 광범위하게 전 세계에 퍼지고 수만 명에게 놀림을 받게 되는 말도 안 되는 일이 벌어지게 된 것이다.

온라인상에서는 내가 누군지 상대가 모르기 때문에 상대를 놀리고 비판하는 일이 너무 쉽게 행해지고 있다. 한 사람에게만 쓴 소리를 들어도 마음이 울적해지기 마련인데, 이렇게 온라인상에서 수천수만 명의 그것도 얼굴 한 번 본 적 없는 전혀 모르는 사람들에게 비판을 받는다면, 조롱을 당한다면 그 마음은 오죽할까.

남을 비방하는 것이 즐거운 온라인 세상

악플로 마음고생을 하다가 스스로 목숨을 끊은 배우 최진실을 우리는 아직도 기억하고 있다. 그녀가 보여 준 명연기와 예쁜 웃음과 함께 말이다. 지금까지도 많은 이들이 그때의 사건을 안타까워하고 있지만, 그 사건 이후로도 우리나라의 악플 문화는 사라지지 않았고 도리어 급격하게 악화되어 이제 하나의 문화로 자리 잡은 것처럼 보일 정도이다.

사람들은 스마트폰으로 인터넷 기사를 하도 많이 보다 보니 이제는 자극적인 기사만으로는 만족하지 못한다. 그래서 기사의 끝부분에 자신의 의견을 댓글로 남기면서 감정을 표출하고 있다. 기사를 읽고 나면 댓글을 확인하는 것은 화장실에 다녀온 후 손을 닦는 것처럼 당연한 절차가 되어 가고 있다. 그런데 그 댓글의 상당 부분이 눈으로 읽기만 해도 마음이 따가워지는 악성댓글이다. 이걸 당사자가 읽으면 얼마나 고통스러울지 그들은 한 번이라도 생각을 하고 댓글을 다는 것일까?

나는 다큐멘터리 〈지방의 역설〉로 고지방 다이어트 붐이 일었을 때, 고지방저탄수 다이어트를 하면서 외국서적을 많이 참고하였다. 그래서 내가 서적을 통해서 배운 것을 기억하고 또 좋은 레시피는 공유하려고 블로그에 고지방저탄수 음식을 한동안 올렸었다. 의외로 반응이 좋아서 이틀에 한 번 꼴로 고지방저탄수 음식 포스팅을 했었는데 한 번은 '고기나 버터 판매하시는 분인가요? 지방이 좋다는 말도 안 되는 이야기를 믿나요? 지방덩어리 님이나 실컷 쳐드시죠'라는 댓글이 달렸다. 그동안 '감사합니다. 덕분에 좋은 레시피 배워 갑니다'와 같은 훈훈한 댓글만 보다가 나를 비방하는 느낌의 댓글을 보니 심장이 철렁 내려앉았다. 그래서 그 뒤로 레시피 포스팅을 다 삭제하고 더 이상 올리지 않게 되었다. 나의 인생을 비판한 것도 아니고 내 얼굴을 욕한 것도 아니고 단지 내가 올린 음식 게시물을 욕한 것인데도 당시 마음에 상처가 굉장히 컸다. 그런데 만약 나의 삶이나 철학에 대해서 혹은 나의 일이나 나의 외모에 대해서 누군가 비방을 하면 얼마나 마음이 무겁고 무너질 듯 아플지 상상이 간다.

초등학생과 성인의 악성 댓글의 실태

악성 댓글의 연령이 낮아져서 요즘은 어린 초등학생들도 악플을 달고 있다. 악성 댓글을 달아 본 경험을 묻는 조사에서 10대의 48%가 악플(조사에서는 악성댓글이라 표현)을 달아 본 경험이 있다고 답했다. 초등학생이 악플을 다는 이유에 대한 조사결과도 있는데 1위는 '재미나 호기심 때문(47.5%)'이었다. 누군가를 욕하는 일이 '단순 재미나 호기심 때문'이라니 그들이 얼마나 양심적 가책 없이 온라인상에서 상대방에게 나쁜 말을 쓰는지를 알 수 있는 조사결과이다. 2위는 '다른 사람이 많이 하니까'로 45.5%를 차지했다. 또래 문화가 가장 중요한 10대의 특성을 고스란히 보여 주는 결과이다.

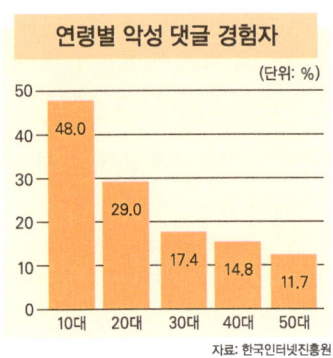
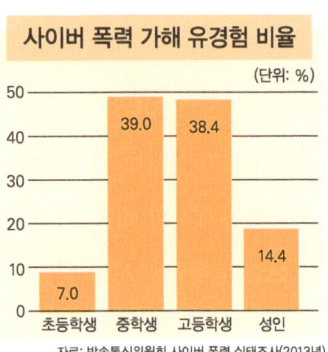

이번에는 악플 작성 후 느끼는 감정에 대한 초등학생들의 답변이다. 1위가 '속이 후련하다' 43.6%, 2위가 '재미를 느낀다' 42.6%, 3위가 '뿌듯함' 18.8%, 4위가 '아무 느낌이 없다'로 15.8%를 차지했다. 한 마디

로 많은 사람들이 하니까 재미있어 보여서 나도 그 문화에 별 생각 없이 합류하는 것이다. 남을 괴롭히는 일에 뿌듯함과 재미를 느낀다니 잘못돼도 한참 잘못되었다.

10대들이 죄책감 없이 아주 가벼운 마음으로 기쁨과 뿌듯함을 느끼며 악플을 달고 있는 것이다. 그런데 여기에는 우리 어른들의 책임 또한 크다. 아이들에게 모범을 보이며 좋은 댓글 문화를 남겨야 하는 어른들 역시 악플을 주도하여 달고 있기 때문이다.

다음은 신고된 악플러들을 연령대로 나눈 그래프인데, 10대의 비율보다는 20대와 30대의 비율이 훨씬 높은 것을 볼 수 있다. 실제로 연예인들이 악플러를 고소해 놓고서는 어린 학생일 줄 알았는데 직접 얼굴을 보니 40, 50대여서 놀랐다고 말한 인터뷰 기사가 많다.

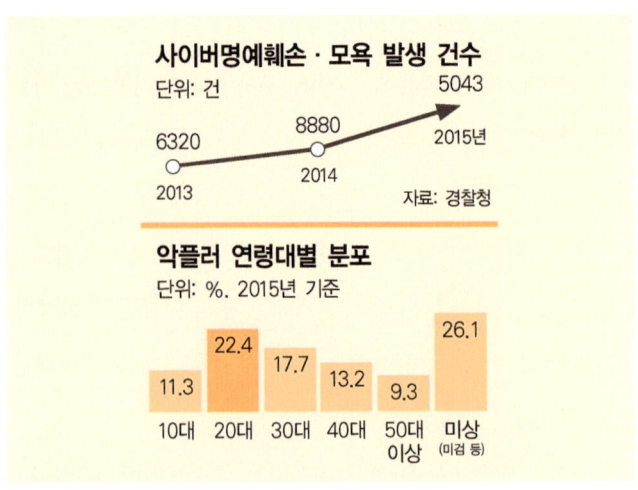

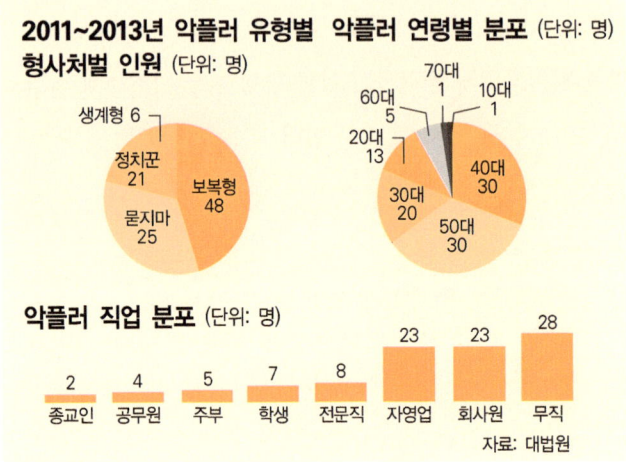

형사처벌을 받은 100명의 악플러를 기준으로 연령을 나누어 보아도 역시나 10대보다는 30대, 40대가 월등히 높은 비율을 차지하고 있다. 악플러의 성인 비율은 발표할 때마다 점점 늘어나고 있다.

Smart Solution - 이렇게 해보세요!

나는 아이들과 밖에서 사람들을 만날 때 그들이 왜 고마운 사람인지에 대해서 자주 이야기한다. 아이들에게는 그냥 지나가던 한 사람일지 모르지만, 그들이 어떤 일을 하고 왜 감사해야 하는지를 이야기해 주고 '안녕하세요', '감사합니다' 기본 인사를 하게 한다.

인터넷에 난무하는 비난, 비방의 반대는 감사이다. 감사로 하루를 채울 수 있는 건강한 마음이 있다면 아이들은 행복하게 자랄 것이다. 스마트폰 속에는 감사함을 느낄 수 있는 이야기가 거의 없다. 정치 이야기, 연예계 이야기, 스포츠 이야기 등 자극적이고 즉흥적이며 비판적인 이야기로 가득하다. 반면, 가족과 친구와의 만남, 책, 전시회 등에는 생각할 거리와 감사함, 즐거움이 가득하다. 우리 아이가 감사하는 마음과 행복감을 느끼는 아이로 자라기 바란다면 스마트폰 사용은 되도록 늦게, 되도록 멀리하는 것이 좋다.

첫째, 주변에 있는 사람들이 얼마나 고마운지 이야기하기

식당에 갔을 때, 오픈주방이 있다면 요리사를 보여 주면서 이렇게 말해 보자.

"너에게 맛있는 음식을 하기 위해서 더운데도 저렇게 불 옆에서 요리를 해주셔. 정말 더울 텐데 감사한 마음을 잊지 말자. 나중에 마주치면 '감사합니다!'라고 인사하자."

마트를 돌아다니면 청소하시는 분이 꼭 보인다. 아이들에게 인사를 잘 해주시는데 그러면 함께 "안녕하세요" 인사를 하게 한다.

"저분 덕분에 우리가 깨끗한 공간에서 생활할 수 있는 것이야. 여기는 어딜 봐도 정말 깨끗하지? 장난감도 어지럽게 놓여 있지 않고 깔끔하잖아. 이 공간에 있는 사람들 편하게 다니라고 청소해 주신 거야 감사한 마음을 잊지 말자."

둘째, 주변의 모든 것들에 고맙다고 이야기하기

우리의 하루는 우리가 키우고 있는 열 마리의 물고기 구피에게 감사 인사를 하는 것으로 시작된다. 그리고 우리가 키우고 있는 야채와 허브에게도 고맙다고 인사한다.

"구피야 잘 잤어? 잘 자라줘서 고마워."
"브로콜리야, 무럭무럭 잘 자라줘서 고마워."

아침에 물고기에게 고맙다고 인사하는 아이들

그래서인지 우리 집 야채들은 정말 하루가 다르게 무럭무럭 자란다. 그리고 나는 아이들과 매일 감사기도를 드린다. 오늘 아이들과 드린 감사기도는 아래와 같다.

"오늘도 물감놀이 즐겁게 할 수 있게 해주셔서 감사합니다. 물감놀이를 할 수 있게 팔레트, 물감, 붓, 스케치북을 주셔서 감사합니다. 그리고 오늘도 아빠가 회사에서 일찍 와서 함께 저녁을 먹고 놀 수 있는 시간을 주셔서 감사합니다."

오프라 윈프리도 그녀의 책 《내가 확실히 아는 것들》에서 다음과 같이 말한다.

"감사한 마음을 가지면 당신의 주파수가 변하고
부정적 에너지가 긍정적 에너지로 바뀐다.
감사하는 것이야말로 당신의 일상을 바꿀 수 있는
가장 빠르고 쉬우며 강력한 방법이라고 나는 확신한다."

비방이 아닌 감사하는 마음은 우리가 가지고 있는 것, 우리 주변의 것을 소중하게 여기게 하고, 긍정적인 시각을 갖게 한다. 아이에게 줄 수 있는 이보다 더 큰 유산이 어디 있겠는가. 감사하는 마음으로 세상을 밝게 바라볼 수 있게 된다면 아이는 누구보다 행복하게 살아갈 것이다. 우리 아이를 스마트폰의 사용으로 타인을 비방하는 문화에 젖어들게 하지 말자.

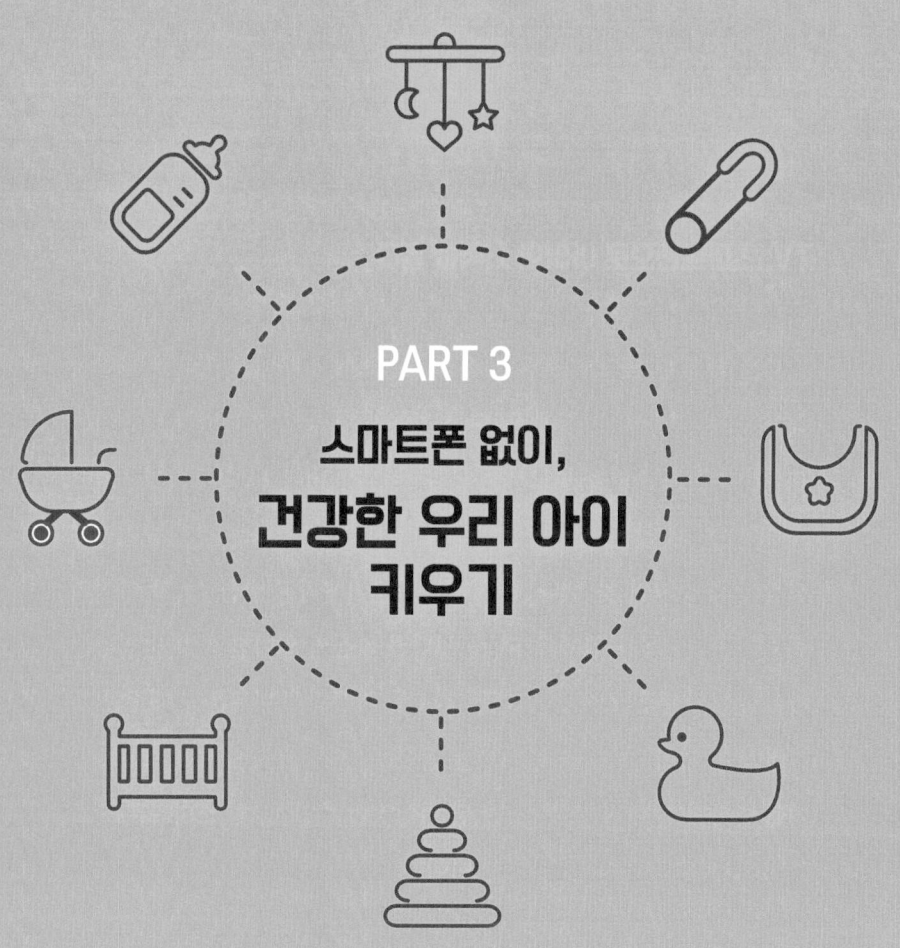

PART 3
스마트폰 없이, 건강한 우리 아이 키우기

Chapter 1
스마트폰 때문에 안경 쓰는 유치원생들

TV, 스마트폰으로 아이의 시력을 잃다

　지인 중에 TV와 스마트폰을 적극 활용하여서 아이를 키우는 사람이 있다. 모임 때문에 그 집에 또 다른 친구와 함께 가게 되었는데 아이는 TV 앞에 전용 소파를 놓고서는 모임 두 시간 내내 TV를 보았다. 엄마가 "TV 볼 때 앉는 소파에 가서 앉으세요!"라고 말하는 것을 보아 TV 시청 전용 소파인 듯 했다. 그러나 아무리 TV라고 한들 두 살 아이의 집중력에는 한계가 있어서 TV를 보다가 가끔씩 엄마한테 오면 엄마는 아이가 자기한테 오면 늘 그래왔다는 듯 자신의 스마트폰을 내주었다. 그러면 또 아이는 스마트폰을 한참 만지작거리다가 다시 TV 앞으로 가기를 반복했다. 아직 두 돌도 안 된 아이인데 종일 TV와 스마트폰을 보는 것 같아서 안타까웠다. 나는 아이가 얼마나 TV와 스마트폰을 보는지 궁금했는데 고맙게도 옆에 있던 친구가 물어봤다.

　"이 집 아들은 뽀로로를 진짜 좋아하나 봐요. 자꾸 보여 달라 그래요?"

"나는 아기랑 놀아 주는 게 너무 힘들어요. 그래서 동영상을 하나 틀어줬는데 잘 있더라고요. 그래서 거의 종일 보여 줘요. 외출하면 스마트폰으로 보고, 집에 있을 때는 TV로도 보고 그래요. 그래도 유아프로그램은 내용이 교육적이라서 괜찮은 것 같아요."

'그렇구나. 이 아이는 하루 종일 동영상을 시청하면서 사는구나.' 안타까웠지만 육아라는 것은 원래 함부로 누군가가 조언할 수 있는 것이 아니기에 조용히 있었다. 그런데 몇 달 후에 지나가다 아이를 우연히 다시 만나게 되었는데 세 돌도 안 된 아이가 안경을 쓰고 있었다. 그리고 유모차에 앉아 있는 아이의 손에 쥐어진 스마트폰에서는 타요 동영상이 나오고 있었다.

갓 태어난 아기는 시력이 아직 형성되지 않아서 만 1세가 되기 전까지의 시력은 약 0.4이다. 이는 점차 발달해서 만 6~7세가 되면 정상시력 1.0에 도달하게 된다. 그러니까 초등학교에 들어가기 전까지는 시력 발달이 완성되지 않는다는 이야기이다. 이렇게 시력이 형성되고 있는 어린아이에게 '스마트폰 동영상'을 보여 주면 아이의 눈에 이상이 생기는 것이 당연하다.

영유아 시기는 아직 시력이 제대로 형성되지 않아서 시력형성에 해가 되는 행동은 절대 하면 안 되는 아주 중요한 시기다. 그런데 많은 엄마 아빠들이 아이들에게 스마트폰 거치대를 이용해 동영상을 보여 주기도 하고, 아예 아이의 손에 스마트폰을 쥐어 주기도 한다. 아이의 시력에 그것이 어떤 영향을 끼치는지 모른 채로 말이다. 시력보호에 가장 신경을 써야 하는 시기는 바로 시력 형성기인 영유아기이다. 그런데, 우리의 모습은 어떠한가? 0세 때부터 TV를 보여 주고, 스마트폰을 쥐어준다. 심지어 몇몇 어린이들은 스마트폰을 몇 시간이고 사용한다.

레스토랑 테이블 위에 스마트폰 거치대는 필수품이 되었고, 유모차에도 스마트폰 거치대가 있어서 아기들은 동영상을 보면서 유모차를 탄다. 심지어 차에서 보라고 차에 태블릿 PC거치대를 설치하는 사람도 있다. 아이가 장시간 차를 타는 것을 힘들어해서 아이를 달래기 위함이라는데, 전문가는 "아직 시력이 형성되지 않은 아이가 태블릿 PC를 보는 것만으로도 유해한데, 거기다 흔들리는 차안의 조건까지 더하면 시력 저하에 최상의 조건"이라고 한다. 유모차에서 스마트폰을 보는 것도 마찬가지로 흔들리는 곳에서 보는 것이니 그 위험성은 동일할 것이다. 수정체가 초점을 잡기 위해서 유모차가 움직이는 만큼 이동하므로 눈에 무리가 더욱 가기 때문이다.

증가하는 근시 인구와 그 이유

50~60년 전만 해도 국내 근시 인구는 10~20% 정도밖에 되지 않았다. 근데 최근 근시 인구가 엄청난 증가세를 보이고 있다. 2014년 학교

건강검사 표본조사에 따르면 근시 유병률이 초등학교 1학년 25.7%, 중학교 1학년 67.8%, 고등학교 1학년 74.1%로 학년이 높을수록 증가했다. 초등학교 전 학년의 평균 근시 유병률을 살펴보면 무려 46.2%이다. 초등학생 두 명 중 한 명은 안경을 쓰고 있다는 이야기이다. 국내뿐만이 아니라 전 세계적으로도 근시 인구는 급증하고 있다. 2050년이 되면 전 세계 인구의 64%인 47억 6,000만 명이 안경을 써야 하고, 9억 4,000만 명은 근시가 될 것이라는 연구결과가 있다. 2000년에 전 세계 인구의 23%인 14억 명이 근시였고 1억 6,000만 명이 고도 근시인 것과 비교하면 거의 6배가 증가한 수치이다.

이렇게 아이들의 근시 인구가 증가한 덕분에 지난 40년 동안 국내 총 근시 인구는 400% 이상 증가하였다. 반세기도 안 되는 기간에 400% 증가라니 매우 우려스러운 결과이다. 이를 설명할 수 있는 원인은 크게 두 가지이다. 하나는 유전적으로 변형이 발생하여 갑자기 근시 인구가 증가한 경우이고, 또 하나는 환경적인 영향이다. 그런데 많은 과학자들이, 40년은 유전적으로 어떤 변형이 생기기에는 너무나 짧은 시간이라고 말한다. 그러면 시력 저하의 원인은 환경에 있다는 것인데 도대체 어떤 환경이 우리의 시력을 이렇게 급속도로 앗아갔을까?

우리의 눈은 오랜 시간 동안 자연환경에 익숙해져 있었다. 우리 눈이 바라보는 것은 나무와 숲, 강, 바다와 같은 자연환경이 전부였다. 그런데 약 600년 전에 활자 인쇄술이 발달하면서 책이 생겼고, 약 20년 전에 PC가 생기기 시작했으며, 약 10년 전부터 스마트폰이 대중화되면서 자연을 벗어나 인공적인 물체에 그리고 가까운 곳에 시선을 주는 일이 점점 늘어났다. 모두들 근거리의 화면만 바라보다 보니, 근시 인구가 폭발적으로 증가한 것이다. 어렸을 때 TV를 보고 있으면 부모님은 늘 이렇게 잔소리하셨다.

"눈 나빠진다. 멀리서 보아라. 뒤로 3걸음 가서 봐라. 안 그러면 TV 끈다."

그런데 집에서 사용하는 컴퓨터인 PC가 생기면서 우리의 눈과 PC와의 거리는 평균 40cm가 되었다. TV를 볼 때보다 한층 가까워진 거리이다. 그만큼 눈에는 무리가 갔으며 시력도 저하되었다. 그렇다면 스마트폰과 우리 눈과의 거리는 어느 정도일까? 놀라지 마시라. 겨우 18cm이다. 나도 이 숫자를 보고는 믿을 수가 없었다. 그런데 밖에 나가서 사람들이 폰을 보고 있는 모습을 보고는 바로 수긍할 수밖에 없었다. 모두들 코앞에 폰을 갖다 대고서 무언가를 열심히 보고 있다. 성인 여자 손 한 뼘이 20cm 정도이다. 손 한 뼘이 채 들어가지도 않는 근거리에서 폰을 보고 있는 것이다. 엎어지면 코가 닿을 만큼 TV와 가까운 자리에 앉아서 TV 화면을 바라보는 것과 무엇이 다르단 말인가. 스마트폰은 조그마니까 해롭게 느껴지지 않을 뿐, TV를 코앞에서 보는 것과 같은 행위이다.

눈에는 수정체가 있는데 근거리를 볼 때에는 수정체가 두껍게 유지가 되고, 먼 곳을 바라보면 수정체가 얇아진다. 이 조절은 근육이 하는데, 사람들이 스마트폰을 눈앞 18cm에 고정시켜 버리니 우리 눈이 근거리에만 자꾸 초점을 맞추게 되면서 수정체가 얇아질 일이 없다. 이런 근거리에서 스마트폰을 하루에 서너 시간을 사용하니 두꺼워졌다 얇아졌다 반복운동이 없는 수정체 근육은 힘을 잃게 되고, 이로 인해 수정체가 두꺼운 상태에 고정되면, 가까운 곳의 물체만 보이는 '근시'가 되는 것이다. 이렇게 우리가 스마트폰과 친해지면 친해질수록 눈은 피로를 느끼고, 근시발병률은 앞으로도 점점 높아질 수밖에 없다. 시력 형성이 아직 안 된 어린이들에게는 그 영향이 더욱 심한 것은 당연하다. 게다가 마트의 카트 안에 앉아서 스마트폰을 보는 아이들과 폰의 거리, 카페나 식당 테이블에서 스마트폰을 보는 아이들과 폰의 거리는 18cm도 안 된다. 아이들의 팔은 어른보다 훨씬 짧고, 힘이 약해서 스마트폰을 무겁게 느끼므로 굉장히 가까운 거리에서 스마트폰을 사용할 수밖에 없기 때문이다.

눈을 피로하게 만드는 블루라이트

스마트폰에서 나오는 블루라이트(청색광) 역시 눈에 악영향을 끼친다. 블루라이트는 태양광선, 형광등, LED조명, TV, 모니터 등의 전자기기에서 발생하며, 스마트폰의 사용으로 블루라이트 노출이 급격하게 증가하면서 우리 눈 건강을 해치는 심각한 장애요인으로 지목받고 있다.

블루라이트라는 380~500mm의 짧은 파장을 갖는 가시광선의 일종으로 눈에 장기적으로 노출되면 여러 가지 장애를 일으킨다. 눈에 피로감을 주며, 안구건조증으로 이어지는 경우도 많다. 또한 장시간 스마트폰 등을 통해서 블루라이트가 눈에 침투되면 망막이나 수정체에 손상이 가고 심할 경우에는 백내장을 일으키기도 한다. 또한 청색광은 노인성 황반변성을 일으키는 요소 가운데 하나로 알려져 있어서, 스마트폰을 장기간 사용할 경우 황반변성 같은 퇴행성 망막질환으로 이어질 가능성도 그만큼 커진다. 이 질병은 보통 65세 이상에게 나타나지만 최근에 젊은 연령층에서도 발병하고 있어 전문가들은 스마트폰이 원인일 수 있다고 말한다.

그러니 걷지도 못하는 아기에게, 말도 못하는 아이에게, 말을 할 수 있게 되어 신난 아이에게 스마트폰을 주는 부모들은 다시 한 번 생각해야 한다. 아이에게 스마트폰을 사용하게 하는 나의 행동이 어린아이의 눈에 무슨 영향을 미치는지 말이다.

2015년 건양대에서 각종 디지털기기와 조명의 청색광(블루라이트)을 측정한 결과, 스마트폰의 청색광 위험지수(Eb)는 0.45~0.5에 달했다. 집에서 일반적으로 쓰는 백열등이나 형광등보다 청색광의 위험지수가 높게 나온 것이다. 특히 성장기 어린이들은 시력이 완전히 발달하지 않아서 어릴 때부터 청색광에 노출되면 더 큰 부작용을 초래할 수 있다. 성인보다 약한 망막을 가진 아이들의 경우 만 6~7세 때 주변 환경이 평생 시력에 영향을 미치기 때문에 더욱 신경을 써야 한다.

나는 고등학교 때부터 안경을 썼다. 나는 안경 쓴 내 모습이 끔찍하게 싫었다. 또한 땀이 많아 여름에 안경을 쓰는 것만큼 불편한 일도 없었다. 매일 안경을 벗어던지고 싶었지만 안경이 없으면 당장 공부를 할 수 없었기에 던질 수도 없었다. 그래서 나는 우리 아이들에게는 '안경'을 절대 물려주고 싶지 않다. 나는 임신했을 때부터 마음속으로 기도했다. '우리 아이들은 좋은 시력을 갖게 해주세요.' 그래서 나는 어제도 오늘도 내일도 아이들에게 TV나 스마트폰을 보여 주지 않으려 노력한다. 아이들의 눈에 블루라이트를 노출시키고 싶지도 않고, 안구건조증으로 아이들이 눈에 불편함을 느끼게 하고 싶지도 않고, 아이들이 안경 쓴 모습은 더더욱 보고 싶지 않다.

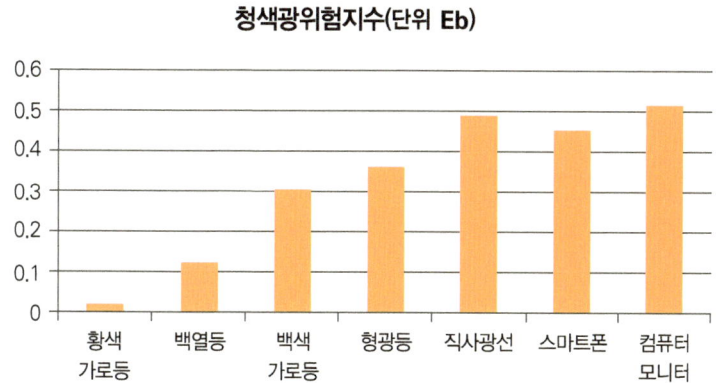

스마트폰으로 인한 안구질환

얼마 전 매일 밤 스마트폰을 사용하던 중국 대학생이 급선 시신경 유두염에 걸려 시력을 잃었다는 충격적인 뉴스를 보았다. 시력을 잃은 원인이 '스마트폰 사용' 때문이라니. 나는 스마트폰 관련 책을 쓰고 있는 사람으로서 스마트폰 관련 뉴스를 매일 찾아보았지만 '스마트폰으로 시력을 잃는다'는 뉴스는 처음 접했으며, 그만큼 충격이 컸다. 그녀는 매일 밤 친구들과 스마트폰으로 채팅하는 것을 즐겼다고 했다. 그런데 어느 날 오른쪽 눈이 잘 보이지 않아서 병원을 찾았더니 '급성 시신경 유두염' 판정을 받은 것이다. 곧바로 치료를 받았지만 그녀는 안타깝게도 오른쪽 눈의 시력을 잃어버렸다. 이를 두고 안과전문의들은 "갑작스럽게 한쪽 눈이 흐리게 보이거나, 눈 뒷부분에 통증을 느낀다면 시신경 유두염을 의심해 보아야 한다. 그리고 이런 증상이 발생하면 바로 안과를 찾아야 한다"고 당부했다.

스마트폰의 사용으로 인해 생기는 질환 중에 시력 저하만큼이나 흔한 것이 안구건조증이다. 건강보험심사평가원에 따르면 안구건조증 환자 수는 2004년 97만 명에서 2014년에는 214만 명으로 10년 사이에 두 배 이상 증가하였다. 우리 눈은 1분에 15~20회 깜빡이며 눈물막을 만들어 눈을 보호한다. 그런데 스마트폰을 사용할 때는 눈을 깜빡이는 횟수가 5회 내외로 줄어든다. 못 믿겠다고 말도 안 된다고 생각하는가? 고개를 들어 주변에 스마트폰을 사용하는 사람을 20초 동안만 관찰해 보라. 눈을 거의 깜빡거리지 않는 것을 볼 수 있을 것이다. 눈 깜빡임이 줄어들면 눈물막의 수분이 증발하고 눈물 순환이 감소하여 안구가 건조해지면서 이물감, 가려움, 눈부심 등의 불편함을 느끼게 된다. 안구건조증이 심하면 망막이 손상되고 시력이 떨어진다. 또한 안구가 건조하면 많이 하는 행동 중에 하나가 눈을 비비는 것인데, 이는 눈에 가장 나쁜 행동 중 하나이다.

이성복 충남대 의학전문대학원 안과학교실 교수팀이 중고생 352명을 대상으로 조사한 결과를 보면, 안구건조증으로 진단된 학생들의 전자기기 사용 시간은 하루 평균 2.6시간(1주 평균 18.4시간)으로 안구건조증이 없는 학생들의 사용 시간인 하루 평균 1.8시간(1주 평균 12.8시간)보다 1.4배 더 길었다고 한다. 스마트폰의 장시간 사용이 안구건조증에 직접적인 영향을 미치는 것이다.

Smart Solution - 이렇게 해보세요!

미국 오리건대 안과 연구진은 눈이 정상인 8~9세 500명을 5년 뒤 다시 시력검사를 실시했는데, 그중 20%인 100명이 근시를 나타냈다. 20%의 근시인 아이들과 80%의 근시가 아닌 아이들의 환경을 분석하였는데, 근시가 아닌 학생들의 경우 대부분이 야외활동을 많이 하는 것을 발견했다. 즉, 야외활동을 많이 하는 아이들은 근시에 걸릴 확률이 적다는 것이다.

대만의 한 연구진 역시 근시인 아이들을 매일 80분간 야외활동을 하게 하고 일 년 뒤에 다시 시력검사를 했더니 근시 유병률이 52%로 낮아진 것을 확인했다. 이외에도 여러 연구에서 야외활동을 하는 것만으로도 아이들의 시력향상에 매우 도움이 된다는 결과를 내놓았다. 이는 시력이 아직 형성되고 있는 어린아이일수록 야외활동을 하면 그만큼 시력 유지 및 향상이 가능하다는 것을 보여 준다.

왜 야외활동은 아이들의 시력 유지 및 향상에 도움이 될까? 야외활동을 하는 동안 아이들은 스마트폰을 사용하지 않고 햇빛을 받을 것이다. 햇빛을 받으면 도파민이라는 물질이 만들어진다. 도파민은 햇빛을 받은 뇌가 만들어내는 신경조절물질로 눈이 더 자라지 않도록 억제하는 역할을 한다. 그런데 요즘 아이들은 실내에만 있어 도파민 생성이 적어 눈이 계속 자란다. 눈 길이가 길어지면 망막이 당겨지고 망막이 찢어지거나 떨어지거나 얇아지면서 문제가 생긴다. 과거에는 아이들이 밖에서 많이 뛰어 놀았기 때문에 '눈이 계속 자라나서 문제가 되는 일'은 극히 적었는데 스마트폰이 등장한 이후로 야외활동 시간이 줄어들면서 아이들의 눈이 비정상적으로 자라고 망막에 문제가 생긴 것이다. 야외에서 아이들의 눈을 건강하게 만들면서 즐겁게 노는 방법, 눈에 좋은 습관과 음식을 알아보자.

첫째, 구름과 달을 바라보며 놀기

나와 아이들은 구름놀이를 매우 즐겨한다. 연애시절 누구나 해보았을 그 구름놀이다. 유모차에 태워서 소풍을 왔을 10개월 시절부터 나는 아이에게 구름을 보라고 하였다. 구름을 보면서 사물 모양을 말하기도 하고, 영어 알파벳을 좋아하는 아들에게 구름이 알파벳 L자 같다고 이야기하면 진짜 좋아한다.

아이가 좋아하는 것을 찾아서 이름을 붙여 주면 반응이 더 좋아진다. 딸은 동물에 푹 빠져 있어서 '저 구름은 여우같다, 저 구름은 다람쥐 같다'라고 이야기하면 예쁜 입술로 환하게 웃는다. '여우, 여우', '다, 다(다람쥐라는 말을 아직 못 함)'라고 말하면서 얼마나 크게 웃는지 모른다. 어두워지면 구름놀이는 달 놀이로 변한다. 달이 무슨 모양인지, 달이 시간이 지나면서 어떻게 움직이는지 정말 자주 관찰을 하면서 이야기를 나눈다. 한번은 블라인드 사이로 달이 살짝 보이자 이렇게 말하기도 했다.

"엄마, 저기 지성이 눈썹처럼 가는 초승달이 있어요."

둘째, 새벽이든 낮이든 공원 산책하기

야외에서 가장 쉽게 할 수 있는 활동이 걷기이다. 그냥 걸으면 아이들은 재미없어서 잘 걷지 않으니 나무와 꽃, 벌레들이 가득한 공원이 있다면 아이들도 즐겁게 걸으려 할 것이다. 최근 스탠포드대학이 발표한 연구 결과에 의하면, 앉아 있을 때에 비해 걷고 있을 때 창의적인 결과물이 평균 60% 늘어났다. 애플의 창업자 스티브 잡스와 페이스북의 창업자 마크 저커버그 모두 걸으면서 회의하고 면접을 보는 것으로 유명하다. 어떻게든 아이들을 걷게 하는 것은 시력형성에 좋을 뿐만 아니라, 창의력에도 좋은 영향을 미친다고 하니 매일 매일 아이들과 공원을 가는 것은 어떨까.

우리 집 아이들은 새벽형 인간이다. 아침형 인간도 아니고 새벽형이다. 언제 자든지 항상 새벽에 일어난다. 작년 한 해도 365일 어김없이 새벽에 일어났다. 이르면 5시 반 늦으면 6시 10분. 내가 주변에게 아이들이 너무 일찍 일어나서 힘들다 하면 다들 이렇게 말한다. '그냥 TV 보여 줘, 스마트폰을 주던가.'

그러나 아직 두 돌도 안 된 아기, 세 돌도 안 된 아기를 전자파와 강한 자극이 가득한 스마트폰이나 TV 화면으로 키우고 싶지 않은 마음에 새벽 공원행도 마다하지 않았다. 봄, 여름, 가을에 비가 오거나 너무 추운 날만 제외하고 아이들이 일어나면 공원으로 향했다. 아이들은 공원에 간다고 신나서 새벽에도 웃는다. 비둘기에게 모이를 줄 거라고 흥분해서 집에 남은 음식을 챙겨서 나간다.

새벽 기상하여 공원에서 비둘기에게 모이 주는 아이들 모습

나는 새벽에 매일 이 고생을 했다. 그러니 나 좀 쉬자고 어린아이에게 스마트폰을 내어 주는 일은 이제 그만두자. 길어야 4~5년 정도 아이와 함께 놀면 되는데, 우리 아이 인생을 위해서 그 정도는 부모로서 해줄 수 있지 않은가. 아이를 다 키운 분들이 늘 하는 말씀이 있다. 초등학교만 들어가도 부모랑 안 놀고 싶어 한다고, 지금 아이를 만끽하라고. 그래서 나는 오늘도 아이와 함께 볼을 부비고 팔다리를 조물조물 하면서 스마트폰이 아닌 사랑으로 아이를 키운다.

셋째, 먼 거리를 바라보며 눈 운동하기

아이들이 스마트폰이나 모니터를 반드시 사용해야 한다면 사용하는 중간 중간 고개를 들어서 먼 곳을 응시하게 하자. 우리의 수정체가 두꺼워졌다 얇아졌다 운동할 수 있도록 먼 곳과 가까운 곳을 번갈아 보는 '눈 운동'을 해서 눈의 근육에 힘을 실어 주자. 우리의 눈도 다른 신체부위처럼 관리를 하고 운동을 해주면 건강해질 수 있다. 시력이 전부 회복되는 것은 어렵지만 적어도 시력이 더 악화되는 것은 방지할 수 있다. 안경을 써본 사람이라면 안경점에 갈 때마다 시력이 더 떨어지고, 안경 알은 점점 더 두꺼워지는 것을 보았을 것이다. 그러므로 눈이 더욱 나빠지지 않게 눈 근육 운동을 해야 한다. 아직 좋은 시력을 가지고 있는 아이라면 두말할 것도 없다. 좋은 시력은 축복 중의 축복이다. 시력을 유지할 수 있도록 모니터를 보면서 적어도 20분마다 먼 곳을 바라보는 것을 잊지 말자.

넷째, 스마트폰으로 피로해진 눈을 위한 건강식 먹기

　마지막으로 눈에 좋은 음식을 몇 가지 소개한다. 우리 아이들이 가장 좋아하는 블루베리. 아이들은 아침에 일어나자마자 냉장고로 달려가서 '블루베리 주세요!'라고 한다. 아직 말 못하는 딸도 냉장고를 열려고 낑낑대면서 '브브브'라고 한다.

　이처럼 아이들도 잘 먹는 블루베리에는 비타민A와 안토시아닌이 풍부하여서 시력회복을 도와주고, 외부 자극으로부터 눈을 보호해 주는 기능이 있다. 맛과 영양까지 함께 있는 몇 안 되는 음식이니 아이들에게 꼭 먹였으면 한다. 그리고 두 번째로 눈에 좋은 음식은 치즈이다. 치즈에는 비타민 A와 철분이 많이 들어 있어서 눈의 피로 누적을 막아 주며 시력 저하를 방지한다. 그리고 치즈는 설탕의 도움 없이도 맛있게 먹을 수 있는 몇 안 되는 간식으로 아이들에게 최고 좋은 음식이다. 우리 아이들을 건강하게 키우는 것이 부모의 가장 주된 임무임을 잊지 말자.

key point!

* 시력이 아직 형성되고 있는 아이들은 근시가 왔다 해도 야외활동을 한다면 시력을 회복시킬 수 있다. 아이들과 즐거운 마음으로 야외활동을 하자.

* 야외에서 가장 쉽게 할 수 있는 활동은 걷기이다. 나무와 꽃, 벌레 등 자연을 만끽할 수 있는 공원으로 가자. 걸으면 걸을수록 아이들의 시력이 좋아지고, 창의력도 좋아진다.

* 스마트폰이나 모니터를 반드시 사용해야 한다면 사용하는 중간 중간 고개를 들어서 먼 곳을 응시하게 하자. 수정체가 두꺼워졌다 얇아졌다 운동할 수 있도록 먼 곳과 가까운 곳을 번갈아 보는 눈 운동을 하자.

* 블루베리와 치즈를 섭취하자. 블루베리에는 비타민A와 안토시아닌이 풍부하여서 시력회복을 도와주고, 외부 자극으로부터 눈을 보호해 주는 기능이 있다. 치즈에는 비타민 A와 철분이 많이 들어 있어서 눈의 피로 누적을 막아 주며 시력 저하를 방지한다.

Chapter 2
스마트폰이 변기보다 더럽다고?

흙을 먹는 것보다 더 더러운 스마트폰

우리 아들은 15개월까지 놀이터에 있는 흙을 입에 집어넣었다. 영아기에는 아이들이 원래 물고 빤다고 하지만 우리 아들의 경우는 조금 늦은 감이 있어서 주변 사람들에게 참 많이도 혼났다. 돌멩이를 주워서 입에 넣고, 시소를 타는 것이 아니라 입으로 빨고, 유모차를 타면 안전벨트를 물고 빠는 아들. 나도 말리려고 노력했지만 이것은 아이의 본능이라서 내가 말리고 혼낸다고 해결되는 문제가 아니었다. 그런데도 사람들은 지나가면서 나를 혼내기도 하고, 아이를 혼내기도 하고, 물티슈를 가지고 와서 아이를 닦아 주기도 했다. 유모차에서 세균 가득한 스마트폰을 손에 들고 있는 아이는 안 혼내면서 왜 우리 아이는 안전벨트를 빤다고 핀잔을 주는지 속상했던 기억이 있다.

요즘 부모들은 아이가 과자를 하나만 손으로 집어 먹어도 바로 손을 닦아 주고, 걷다가 넘어져도 바로 손과 무릎을 닦아 주고, 지나가다 호기심에 손으로 우체통을 건드리기만 해도 물티슈로 바로 닦아 준다. 이렇게 요즘 젊은 부모들은 위생개념이 철저하다. 하지만 역설적이게도 그렇게 깨끗이 닦은 손에 세균이 득실거리는 스마트폰을 쥐어 준다. 그들이 스마트폰이 얼마나 비위생적인지를 않다면 기절할지도 모른다. 제발 지나가는 아이 입 주변에 뭐가 묻은 거 닦으라는 잔소리하지 말고, 지나가는 아이가 손에 스마트폰을 들고 있거든 변기보다 더러운 것이 스마트폰이라고 말해라. 우리 아이의 정서발달만큼이나 신체발달에도 스마트폰은 유해하다. 우리 아들이 돌멩이를 입에 집어넣는 것과는 비교도 안 될 정도로 지저분한 스마트폰에 대해 알아보자.

공중화장실 변기보다 25배 더러운 스마트폰

우리는 집을 나오면서 손으로 문 손잡이를 만지고, 엘리베이터 버튼을 누르고, 버스나 지하철에 탑승하여 손잡이를 잡고, 사무실에 도착해서 혹은 집에서 컴퓨터 키보드를 두드리고, 물건을 사고 계산할 때 카드나 동전, 지폐를 만진다. 우리 손이 매일같이 하는 행동이다. 손은 이렇게 많은 사람들이 만지면서 잘 닦지 않는 다양한 사물과 가장 많은 접촉이 일어나기 때문에 엄청난 수의 세균이 득실거린다. NBC의 조사에 의하면 사람들은 매일 변기보다 더러운 카드를 만지고, 카드보다 더 더러운 리모컨을 만진다. 사람 손에는 일반적으로 각각 6만 마리 그러니까 양손을 합치면 12만 마리의 세균이 숨어 있다고 하니 어느 정도로 지저분한지 상상조차 가지 않을 정도이다. 손은 이렇게 우리 신체에서 가장 지저분한 곳이다.

그런데 이런 손으로 우리가 가장 오랜 시간 가장 빈번하게 만지는 것이 무엇인지 아는가? 바로 스마트폰이다. 버스 손잡이는 길게 잡아 봤자 1시간이고, 카드도 많이 만져 봤자 하루에 20분도 채 만지지 않는다. 결제를 한다고 하루 종일 카드를 손에 쥐고 있지는 않으니까. 그러나 바른 ICT연구소의 2016년 조사에 의하면, 초등학생은 평균적으로 하루 평균 4.5시간, 중·고등학생 5.5시간 스마트폰을 사용한다. 만 18세 이상 성인의 경우에도 하루 평균 3.5시간으로 적지 않은 시간을 손으로 스마트폰을 사용한다.

잠시 화장실에 들어갔다 나오는 것만으로도 세균이 우리 몸에 옮겨 오는데, 변기보다 더러운 스마트폰을 하루에 4~5시간씩 만지고 있다니 전 세계가 위생 비상사태이다. 화장실은 더럽다는 인식 때문에 화장실에 다녀오고 나서는 손을 꼭 씻지만 스마트폰을 만졌다고 손을 씻는 사람을 본 적 있는가? 아니면, 스마트폰을 한 번 만졌다고 화면을 닦는 사람을 본 적 있는가? 갓난아기는 깨끗해야 한다고 하루가 멀다 하고 옷을 삶아 입히면서, 스마트폰을 만진 손으로 아무렇지도 않게 아기를 만지고 있지 않은가?

애리조나 대학교 연구에 따르면 가정집 화장실 변기는 1인치²(1인치=2.5㎝)당 평균 박테리아 수가 50~300마리 수준인 데 반해 공중화장실은 1,000마리 이상이었다. 그런데 스마트폰은 공중화장실보다 더 많은 2만 5,000마리의 박테리아를 가지고 있는 것으로 나타났다. 공중화장실의 25배 정도의 세균이 검출된 것이다. 또한 영국 일간 데일리메일에 따르면 휴대폰에서 7,000가지 종류의 세균이 발견되었는데 대부분은 인체에 무해한 것이었지만 일부는 장내구균과 슈도모나스균과 같은 감염물질도 포함되어 있었다. 게다가 휴대폰은 사용할 때마다 열을 내서 뜨거워지기 때문에 박테리아가 증식할 수 있는 최상의 조건을 갖추고 있다.

이제 내가 내는 문제에 답을 해보자. 아이 입에 묻은 우유자국이 더러운가, 스마트폰을 양손에 쥐고 동영상을 시청하는 아이의 손이 더러운가. 여러분의 물티슈는 우유자국이 아닌 아이의 손을, 아이가 들고 있는 스마트폰을 닦아야 할 것이다.

세균의 이동경로가 되는 휴대폰

병원 내 세균 감염의 주범이 환자나 환자를 방문한 사람들의 '휴대폰'이라는 연구결과가 있다. 터키 이노누 대학교 미생물의학과 연구팀은 병원 내 의료 관계자의 휴대폰 67개, 입원 환자와 환자 방문자의 휴대폰 133개, 총 200개를 가지고 세균을 조사했다. 그 결과, 환자나 환자 방문자의 휴대폰 중 40%에서 감염성 세균이 검출되었고, 의료관계자의 휴대폰의 20%에서도 세균이 발견되었다. 특히 여러 항생제에 내성을 보이는 종류의 황색포도상구균, 대장균, 장구균 등이 발견된 휴대폰 7대는 환자나 환자 방문자의 것이었다. 휴대폰을 통해서 충분히 세균이 이동하여 감염될 수 있음을 보여 준 것이다.

2011년 미국 의학잡지인 〈감염통제 저널〉 6월호에 게재된 기사에는 병원에서 휴대전화를 매개로 전이되는 세균에 감염된 사람의 수는 연간 170만 명에 달하는 것으로 나왔다. 이로 인한 사망자 수도 10만 명 정도로 추정하였다. 병원을 오고가는 사람들의 옷이나 신발 등을 통해서 세균이 전해지기도 하지만 휴대폰에는 세균의 종류와 그 양이 훨씬 많아서 이로 인한 피해가 크다. 휴대폰이 병원 내에서 세균을 전파하는 중요 매개체라는 것이다.

실제로 미국에서는 대부분의 병원이 휴대폰의 전자파로 인한 의료기 오작동 우려로 병원내의 지정장소에서는 휴대폰의 반입 자체를 금지하고 있는데, 이 연구의 전문가들은 휴대폰은 전자파보다 세균의 이동경로로서의 위험성이 훨씬 크다고 지적한다. 그래서 병원에 가는 게 비행기 타는 것보다 위험할 수도 있다는 웃지 못할 세계보건기구(WHO) 보고서도 있다. 병원에서 다른 병에 감염되거나 의료사고로 사망하는 사람은 300명 가운데 1명꼴인 데 비해 항공기 사고로 사망하는 사람은 1,000만 명당 1명꼴이니 틀린 말은 아니다.

Smart Solution - 이렇게 해보세요!

　스마트폰이 대중화되면서 대부분의 사람이 스마트폰을 가지고 있다. 스마트폰에 익숙해진 사람들은 어디를 가든지 스마트폰과 함께 간다. 화장실, 병원, 카페, 부엌에서 요리할 때 등등 스마트폰은 우리가 가는 곳이라면 어디든 간다. 그리하여 스마트폰은 점점 더 많은 세균의 온상이 되어 가고 있다. 더군다나 스마트폰은 항상 우리 손에 있거나 주머니나 가방에 들어 있어서 따뜻한 상태를 유지한다. 스마트폰을 꺼내서 사용하면 온도는 더욱 올라가는데, 전자기기는 사용할 때마다 열이 발생하기 때문이다. 이렇게 높은 온도는 세균번식에 딱 좋은 조건이니 스마트폰은 세균이 좋아할 조건은 다 갖추었다. 그렇다고 스마트폰이 더럽다며 샤워할 때 들고 들어가서 물로 세척을 할 수도 없는 노릇이다. 그럼 우리는 스마트폰의 세균으로부터 우리를 지키려면 어떻게 해야 할까.

첫째, 화장실에 스마트폰 들고 가지 않기

　굳이 설명을 하지 않아도 화장실은 더러운 곳이라는 것은 모두가 알고 있다. 그러면서도 우리는 그런 화장실에 항상 스마트폰을 챙겨서 간다. 화장지를 챙기는 것처럼 스마트폰을 챙겨서 화장실에 들어간다. 나 또한 스마트폰 사용을 줄이고자 마음먹고서도 끝까지 고치기 힘들었던 것이 '화장실에 스마트폰 들고 가지 않기'였다. 이런저런 시도를 해보았는데 스마트폰과 화장실은 무엇인가 눈에 보이지 않는 연결고리가 있는 듯 끊기가 힘들었다. 여러 가지 노력 중에 가장 효과가 있었던 것을 소개한다.

처음에는 패션잡지를 화장실에 비치해 놓았다. 그러면 잡지를 읽기 위해 스마트폰을 들고 가지 않을 거라는 생각에서였다. 하지만 잡지는 무거워서 손에 들고 있는 것 자체가 힘들어서 곧 스마트폰을 다시 가지고 화장실에 가게 됐다. 가벼운 읽을거리는 없을까? 그때 서점에서 발견한 것이 월간지 〈좋은생각〉이었다. 손에 쏙 들어오는 크기에 내용도 무겁지 않아서 화장실에서 읽기 딱 좋을 것 같았다. 성공! 스마트폰 없이 좋은 생각을 가지고 들어가니 화장실-스마트폰 연결고리가 사라진 느낌이었다. 그렇게 하루 이틀 연속 삼 일을 성공하고서는 이제는 더 이상 스마트폰을 더러운 화장실에 들고 가지 않게 되었다.

둘째, 알코올로 스마트폰 닦는 습관 만들기

스마트폰은 물티슈로 닦아도 좋고, 마른 휴지로라도 닦으면 안 닦는 것보다 훨씬 깨끗한 상태가 된다. 그러나 가장 좋은 방법은 솜에 알코올을 묻혀서 폰을 전체적으로 닦는 것이다. 약국에서 소독용 알코올을 구입해서 화장솜이나 티슈에 알코올을 조금 묻혀서 폰을 구석구석 닦아주자. 그리고 대부분 휴대폰을 케이스에 넣어서 가지고 다니는데 이 케이스 역시 같이 세척을 해주어야 한다. 전문가들은 위생을 생각한다면 아무리 예쁘더라도 가죽 케이스는 세척이 어려우니 젤리 케이스나 플라스틱 케이스 사용을 권한다.

나는 스마트폰을 닦아 주어야 한다는 개념이 머리에 박힌 이후에는 눈 화장을 지울 때 솜을 하나 더 꺼내서 폰도 함께 닦아 준다. 이렇게 어떤 특정행동과 스마트폰 닦는 행동을 연결시켜 놓으면, 적어도 하루에 한 번은 스마트폰을 닦게 된다. 다음과 같이 나의 생활 습관 중 한두 군데에 스마트폰 청소와의 연결고리를 만들어 놓으면 좋을 것 같다.

▷ 자기 전 이 닦을 때 폰도 같이 닦기
▷ 물티슈로 아이 손이나 얼굴을 닦을 때, 그 물티슈로 폰도 같이 닦기
▷ 안경을 쓰는 사람이라면, 안경을 닦을 때 폰도 같이 닦기
▷ 자기 전에 폰을 침실이 아닌 곳에 놓으면서 폰 닦기

셋째, 스마트폰을 멀리하는 것이 가장 중요

내가 이렇게 스마트폰의 위생에 대해서 길게 이야기하는 이유는 결국 하나이다. 우리 아이들을 깨끗하게 키우고 싶은 마음이다. 우리가 스마트폰을 많이 만지면 우리의 손은 더러워진다. 그런데 우리는 스마트폰의 세균이 눈에 보이지 않으니 스마트폰으로 손이 더러워진 줄도 모르고 그 손으로 아이들을 만진다. 아이들의 얼굴을 만지고, 기저귀를 갈아주고, 손도 잡는다. 스마트폰도 온도가 높고, 손 또한 온도가 높아서 세

균이 아이에게 옮겨 가기 딱 좋은 환경이다. 아이를 매일 샤워시키는 것보다 스마트폰을 만지지 않게 하는 편이 더 위생적일지도 모르겠다.

그러므로 부모가 먼저 스마트폰을 되도록 만지지 않고, 적어도 하루에 1회 이상 닦는 습관을 가져서 청결한 손 상태를 유지해야 아이들의 청결도 유지가 될 수 있다. 무엇보다도 내가 강조하고 싶은 것은 '세균덩어리 스마트폰'을 아이들의 손에 직접 닿게 하지 말라는 것이다. 입에 묻은 우유자국 정도는 안 닦아줘도 괜찮다. 세균덩어리 스마트폰을 아이 손으로 만지게 하는 것이 문제이다. 아이가 스마트폰을 만지는 순간, 공중화장실 변기보다 많은 수천수만 마리의 세균을 아이들이 만지게 된다고 생각하자. 아이들을 깨끗하게 키우고 싶은 부모라면 이제 스마트폰의 청결과 사용에도 신경을 써야 할 것이다.

key point!

* 스마트폰의 청결을 위한 첫걸음은 스마트폰을 화장실에 들고 가지 않는 것이다. 화장실에 다른 읽을거리를 들고 가보자. 스마트폰이 아닌 다른 것으로 시간을 보내는 연습을 해 보자. 작은 읽을거리를 추천한다.

* 스마트폰도 손을 씻는 것처럼 하루에 1회 이상 습관적으로 닦아 주자. 스마트폰 가죽 케이스는 닦기가 어려워 청결한 상태를 유지하기 어려우니, 젤리 케이스나 플라스틱 케이스를 사용하는 것이 좋다.

* 가장 중요한 것은 우리 아이가 더러운 스마트폰을 최대한 만지지 않게 하는 것이다. 우리 아이가 스마트폰을 만질 때마다 엄청난 수의 세균을 접한다는 사실을 기억하자.

Chapter 3

전자파가 우리 아이 뇌를 망친다

전자파 때문에 아파서 목숨을 끊은 영국 10대 소녀

영국에서 15세 소녀가 치유할 수 없는 고통 때문에 자살을 선택하였다. 그런데 고통의 원인은 백혈병이나 암 같은 병이 아니라 이름도 생소한 '전자파 과민증'이었다. 와이파이와 스마트폰을 비롯한 전자기기에서 나오는 전자파가 그녀를 아프게 했다는 것이다.

두통은 가장 흔한 전자파 과민증 환자의 증상인데 이 영국 소녀 제니 프라이 역시 2012년인 12살 때부터 이상하게 두통이 심해져서 집에서도 학교에서도 괴로워했다고 한다. 하지만 병원을 다녀도 '이상이 없다'는 이야기만 듣자 부모가 직접 원인을 밝히기 위해 나섰고, 결국 그 원인이 '전자파'에 있음을 밝혀냈다. 그 후로 집에서는 와이파이를 제거하고 전자기기를 사용하지 못하게 하여 소녀는 안정을 바로 되찾았지만 문제는 학교였다.

소녀는 학교에만 가면 전자파 때문에 다시 두통, 피로, 방광질환을 겪었다. 딸이 너무 힘들어하자 소녀의 엄마는 학교에 와이파이 제거를 적극 요청하였지만 이는 받아들여지지 않았고, 소녀는 극심한 괴로움을 느낀 나머지 고통에서 영원히 벗어나기 위해 나무에 목을 매달아 스스로 목숨을 끊었다. 평범한 한 소녀가 학교에서 나오는 전자파 때문에 고통을 받다 세상을 떠났다는 소식은 전 세계인의 마음을 아프게 했다.

스웨덴에서 최초 보고된 전자파 과민증은 유럽 전역으로 확산되면서 꾸준히 환자가 늘고 있다. 영국에서는 국민의 4%가 전자파 과민증 환자라는 조사결과도 있다. 프랑스의 한 50대 여성과 그녀의 딸은 전자파 과민증 때문에 전자파가 없는 동굴에 숨어 지내기까지 한다. 스위스 취리히에는 유럽 최초 '스마트폰 사용금지 아파트'가 등장했다.

'전자파 과민증'을 극소수의 문제라고 하기에는 문제가 전 세계적이며 문제를 겪는 인구도 꾸준히 증가하고 있다. 영국 소녀가 자살로 생을 마감한 후 그녀의 엄마는 딸의 억울함을 덜어 주기 위해 어린이집과 유치원을 대상으로 '와이파이를 제거하자'는 캠페인을 벌이는 동시에 영국 정부를 향해 전자파 과민증에 대해 상세한 연구를 해달라고 요구하고 있다.

전자파가 얼마나 고통스러웠으면 자살이라는 극단적인 선택을 하였을까. 전자파 과민증이라는 것은 도대체 어떤 것이기에 한 소녀를 죽음으로까지 몰아넣은 것일까. 우리가 하루 종일 손에서 놓지 않는 스마트폰에서도 전자파가 나오고 있다. 그리고 그 스마트폰을 인터넷에 연결하기 위해 작동하는 와이파이 역시 전자파다. 전자파로 괴로워하는 사람들의 이야기, 전자파가 우리에게 주는 영향과, 전자파로부터 영향을 덜 받는 방법 등 전자파에 대해서 자세히 들여다보자.

전자파는 정말 우리 몸에 해로울까

당신의 아이가 이유 없이 운다면? 이유 없이 머리가 아프다고 한다면? 당신이 아이 손에 쥐어준 스마트폰이 그 원인일 수 있다. 당신과 외출할 때마다 아이가 사용하는 태블릿이 아픔의 원인일 수 있다. 전자파로 고통받다 자살한 사람이 있을 정도로 전자파는 우리를 아프게 할 수 있기 때문이다.

하루 종일 TV, PC, 스마트폰을 비롯한 전자기기와 와이파이 등에 노출되어 있는 우리의 현재 상황은 어떠할까? 전자파가 인체에 미치는 영향에 대한 연구는 약 60여 년 전 미국에서 시작되었다. 1950년대 고압 선로 근처에 사는 주민들이 두통과 기억상실을 호소한 사건을 계기로 전자파의 유해성을 증명하는 논문들이 많이 나왔다. 전 세계적으로 전자파의 유해에 대한 인식이 높아지자, 2011년 5월 세계보건기구(WHO)의 산하기관인 국제암연구소(IARC)는 휴대전화 등 무선통신기기에서 발생하는 전자파를 발암유발가능물질(2B등급)로 지정하여 전자파가 인체에 유해하다는 것을 공식적으로 인정했다. 이후 전 세계에서 전자파에 약한 어린이를 보호하는 액션들이 연이어 생겨났다.

> ▷ 프랑스 2011년 6세 미만 어린이 휴대전화 판매 금지
> ▷ 프랑스 2013년 유치원에서 와이파이 사용 금지 조치
> ▷ 인도 2013년 학교, 병원, 대학, 놀이터 인근의 기지국 철거 명령
> ▷ 독일 모든 학교 무선랜 설치 금지

전자파의 유해성과 관련해서는 노벨상 심사기관인 카롤린스카 연구소의 페이칭 보고서가 제일 유명한데, 이 보고서는 송전선 인근의 17세 이하 어린이의 백혈병 발병률이 전자파 2mG 이상에서는 2.7배, 3mG 이상에서는 3.8배 높다고 발표했다. 송전탑에서 발생하는 강한 전자파가 인근 주민들 특히 어린아이들을 병들게 한다는 것이다. 이 보고서 발표 이후 스웨덴 정부는 주택단지 인근의 송전탑과 고압송전선을 대대적으로 철거했다.

국내에서도 전자파와 관련된 유명한 연구가 있다. 한림대학교 전자파 연구소에서 실시한 연구로, 인간과 뇌구조가 비슷한 쥐를 사용하여, 한 그룹의 쥐는 전자파에 노출을 시키고, 나머지 한 그룹의 쥐는 전자파 노출을 차단한 뒤 살펴보았다. 그 결과 전자파에 노출된 쥐의 80%에서 간암, 위암, 백혈병 등의 질병이 발견되었고, 전자파를 받지 않는 쥐에게서는 아무 이상도 발견되지 않았다.

여기서 주목해야 할 것은 이 실험에서 노출된 전자파는 겨우 5~7mG 이라는 것이다. 우리나라 미래창조과학부가 고시한 인체보호기준은 833mG인데 실험에 사용한 전자파는 이 기준의 100분의 1도 되지 않

는 미미한 수준이었다. 이처럼 보호기준의 100분의 1의 양으로 실험을 했는데도 각종 질병이 발생할 수 있는 가능성이 높아지는 것으로 보아, 전자파는 우리가 생각하는 것보다 우리 몸에 끼치는 영향이 매우 클 것으로 예상된다.

휴대폰 전자파 등급제 실시

전자기기 중에서 우리가 가장 많이, 그리고 오래 사용하는 것은 무엇일까? 바로 오늘만 해도 백 번은 넘게 만졌을 스마트폰이다. 다른 전자기기보다도 휴대폰은 우리에게 지속적이고 집적적인 영향을 끼칠 수 있기 때문에, 휴대폰에서 나오는 전자파의 유해성을 입증하는 연구가 유독 활발히 이뤄지고 있다.

우리나라도 2014년 8월 새로운 법규를 마련하여, 전자파의 인체흡수율(SAR)을 기준으로 휴대폰의 유해성을 등급으로 나타내는 '휴대폰 유해성 등급제'를 시행하고 있다. 휴대폰에서 나오는 전자파의 인체 흡수율이 0.8W/1kg이면 1등급, 0.8~1.6W/kg이면 2등급으로 분류된다. 이 기준을 훌쩍 넘는 전자기기는 매우 많지만, 휴대폰은 뇌와 가장 가까운 귀에 가져가는 기기이고, 가장 빈번하게 사용하는 제품이라는 점에서 현재 전자파 등급제는 '휴대폰'만을 그 대상으로 하고 있다.

하지만 2016년 10월 SK의 스마트워치인 'U안심알리미'와 'T키즈폰

준2'가 전자파 인체흡수율(SAR) 논란에 휩싸였다. 인체 흡수율 기준인 1.6W/1kg에 만족하여 정부로부터 인체무해판정을 받고 KC인증마크를 달기는 하였지만, 각각 1.32W/1kg, 1.33W/1kg은 애플워치의 인체흡수율(SAR)수치가 0.097W/1kg이라는 점과 비교해도 높고, 제품의 판매대상이 '아동'이라는 점에서 키즈 스마트워치의 인체흡수율(SAR)이 너무 높다는 비난의 여론이 거세다.

인체흡수율이 얼마인지 그 숫자는 그리 중요하지 않다. 휴대폰에서 발생하는 전자파가 우리 몸에 흡수된다는 사실에 주목해야 한다. 매일 손에 쥐고, 만지고 우리 아이에게 하루에도 수차례 건네주는 스마트폰에서 전자파가 나오고 있으며, 이 전자파는 부모에게, 아이에게 유해한 영향을 주고 있다. 그리고 똑같은 전자파에 대한 영향은 어른인 부모보다 아이에게 훨씬 더 크게 나타난다.

휴대폰을 사용할 때 아이의 뇌에서 벌어지는 일

아래의 연구를 보면 왜 우리가 어린이 또는 청소년에게 스마트폰을 함부로 쥐어 주어서는 안 되는지 실감할 수 있다. 미국 피츠버그대학에서는 5살, 10살, 성인의 뇌와 흡사한 물체를 만들어서 전자파에 얼마나 영향을 받는지를 실험하였다. 사람의 뇌 속 성분과 유사한 성질을 가진 액체를 사람 머리 모양의 용기에 붓고 통화하는 상황을 가정해 귀 부분에 스마트폰을 장착한 뒤 전자파 흡수율을 측정했다.

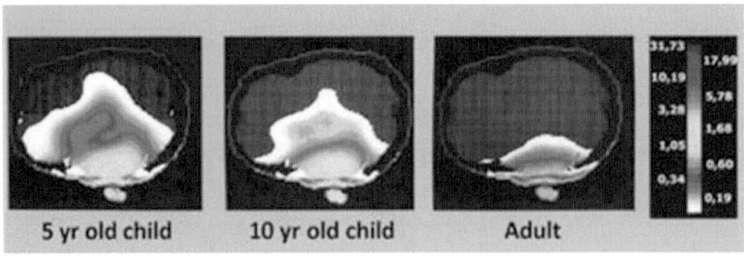

EMF Radiation Brain Images

  5살 아이의 경우에는 흡수율이 4.49W/kg 10살의 경우에는 3.2W/kg 성인의 경우에는 2.93W/kg으로 나타났다. 성인에 비해서 5살 어린이가 거의 2배 정도 많은 양의 전자파를 흡수했다. 그리고 그림을 자세히 보면 성인은 휴대전화를 받는 쪽 뇌에만 전자파가 일부 흡수되지만 10살, 5살 어린이의 경우는 전자파가 뇌 중앙을 침범하여 거의 뇌 전체에 흡수되는 것을 볼 수 있다.

> "어린이의 두개골은 성인에 비해 훨씬 얇고,
> 뇌의 크기도 작기 때문에 작은 전자파라도
> 그 영향을 더 많이 받으며, 심한 경우 얇은 두개골을
> 뚫고 전자파의 영향이 뇌의 중앙까지도 갈 수 있다."
> – 뇌전자파연구 연구진–

  이 연구를 진행한 후, 미국 피츠버그대학 암연구소(UPCI) 소장은 내부 인력들에게 전자파로 인한 발암 위험성을 지적하며 휴대전화 이용

을 자제하라는 메시지를 보내었다. 그 메시지에는 어린이의 경우 그 심각성이 더 크니 각별히 주의하라는 내용도 담겨 있었다고 한다. 전 세계적으로 어린이에게 전자파가 더 위험하다는 것이 연구를 통해 하나씩 하나씩 밝혀지자, 최근 미국 소아과학회는 어린이에게 성인 기준의 SAR을 적용해서는 안 된다며, 별도 기준안 마련을 정부에 권고하고 있다. 러시아에서도 SAR 기준을 우리나라와 미국 기준인 1.6W/1kg보다 60%에서 100% 더 엄격하게 설정하라는 가이드라인이 생겼다.

국내에서는 '아이들이 많이 사용하는 스마트 워치 및 웨어러블 기기에도 '전자파 등급제'를 확대 실시해야 한다'는 여론이 형성되고 있다. 그래서 2017년 하반기부터 정부는 키즈폰과 통화기능이 있는 스마트워치에 대해 스마트폰처럼 등급제를 적용하는 방안과 인체에서 1㎝와 20㎝ 떨어진 거리에서 각각 측정한 웨어러블 기기의 전자파 흡수율 수치를 공개하는 방안을 검토하고 있다. 아이들의 건강을 위한 정부의 빠르고 확실한 조치가 필요한 때이다.

Smart Solution - 이렇게 해보세요!

앞으로 전자파 과민증(EHS)을 비롯해서 많은 전자파 관련 문제들이 급증할 것이다. 그러므로 이 문제를 다루기에 앞서 전자파 인체보호기준을 바로 세워야 한다. 우리는 현재 20년 전에 지정된 전자파 인체보호기준을 적용하고 있다. 20년 전에 비해 우리는 현재 수십만 배 많은 전자파에 둘러싸여 살고 있는데도 불구하고 말이다. 전자파 인체보호기준은 조속히 재정립되어야 한다. 아울러 우리 스스로 전자파의 피해를 덜 입기 위해 할 수 있는 노력을 알아보자. 휴대폰을 당장 없애거나, 사용하지 않는 것은 어려운 일이니 사용은 하되 다음과 같은 사용 규칙을 만들어서 전자파로부터 우리 아이를 지키자.

첫째, 최대한 스마트폰 사용 시기를 늦추기

아이들의 두뇌는 아직 발달단계이므로 전자파의 영향이 두뇌 중앙까지 침투할 수 있음을 기억해야 한다. 똑같은 스마트폰을 사용하더라도 아이들이 성인보다 전자파의 영향을 더 많이 받는다. 임산부 시절 뱃속 아기에게 전자파를 덜 주려고 전자파 차단제를 찾아 헤맸던 것을 기억하는가? 미세한 전자파도 아기에게는 쉽게 영향을 미치기 때문에 지금도 임산부들은 아파도 병원에서 엑스레이도 찍지 않고 아픔을 견딘다. 태아만큼이나 연약한 존재가 바로 아이들이다. 아이에게 스마트폰을 주고 싶을 때에는 다음과 같은 생각을 해보자.

아이가 뱃속 태아였을 때, 아이에게 전자파 영향이 갈까 봐 전자레인지 근처에도 안 가려고 노력한 경험이 있을 것이다. 그때 나의 모습을 떠올리자. 태아였을 때에도 영유아기인 지금도 아이들은 연약한 존재이다. 전자파로부터 보호받을 필요가 있다.

미국 피츠버그대의 휴대폰 전자파 실험에서 5살 아이의 경우 뇌 중앙까지 그 영향이 미쳤던 것을 떠올리자. 우리 아이가 만 5세 이하라면 전자파가 두뇌에 끼치는 영향은 더욱 클 것이다. 귀로 하는 통화가 아니어도 몸 가까이서 스마트폰을 만지는 행위 자체로도 어린아이에게는 전자파의 효과가 매우 클 것이다.

아이가 좋은 음식을 먹고, 좋은 환경에 사는데도 잦은 질병에 시달린다면, 전자파가 원인일 수도 있다고 생각해 보자.

둘째, 움직이는 곳이나 밀폐된 장소에서는 휴대폰 사용 금물

휴대폰을 사용해야만 한다면 최소한 장소를 가려서 사용하자. 요즘 지하철과 버스 같은 대중교통을 이용하면 정말 모두 약속이나 한 것처럼 거북이처럼 목을 빼서 손에 있는 스마트폰을 보고 있다. 특히, 유아 동반 부모들은 지하철에서 아이에게 스마트폰을 주어서 동영상을 보고, 게임을 하게 한다. 사람이 많은 장소에서 아이를 조용하게 하려는 마음은 알겠지만 하지만 지하철과 버스는 스마트폰에서 가장 많은 전자파가 발생하는 장소다.

빠른 속도로 이동하는 공간에서는 휴대폰이 가장 가까운 기지국을 수시로 찾기 때문에 출력이 증가하여 전자파가 정지해 있을 때보다 훨씬 많이 발생한다. 지금 당장 심심함을 달래는 것보다, 아이가 시끄럽게 떠들거나 돌아다닐 수 있으니 얌전하게 만드는 것보다, 아이의 건강이 더 중요하다는 사실을 잊지 말자.

물론, 대중교통 이용 시 스마트폰 없이 아이의 지루함을 달래기란 힘든 일이다. 그러나 공공장소에서는 아이를 얌전히 앉아 있게 하기 위해 스마트폰을 써도 괜찮다고 생각하지 말자. 아이가 시끄러워서 주위 사람들에게 폐를 끼치느니 스마트폰을 보여 주는 게 낫다고 자기합리화하지 말자. 사람이 많고, 폐쇄된 공간에서 아이는 부모에게 더 의지하고 싶어 하기 마련이다. 아이들은 모르는 사람으로 가득한 공간에서 스마트폰을 마주하고 싶어 할까? 아니면 부모의 손을 잡거나 부모의 얼굴을 보면서 마음의 안정을 찾고 싶을까? 낯선 사람이 많은 곳에서 잔뜩 긴장하여 그 어느 때보다 따뜻한 눈빛과 손길을 필요로 하는 아이의 마음을 스마트폰으로 억누르지 마라. 긴장한 아이에게 더 다정하게 이야기하고, 장난치면서 마음을 안정시켜 주어라. 다음은 내가 아이들과 대중교통을 이용할 때 하는 놀이 방법들이다.

① 뻥튀기

커다란 뻥튀기 과자는 지하철을 탈 때 필수 준비물이다. 건강에도 해롭지 않고 가방에 넣기에도 가볍고, 무엇보다 아이와 놀기 좋은 소품이 되어 주기 때문이다.

뻥튀기를 얼굴이라 생각하고 눈을 두 개 뚫고 얼굴을 가리면 아이는 내 두 눈만 볼 수 있다. 그 구멍 사이로 눈알을 한 바퀴 굴리거나, 윙크를 하거나, 눈을 감았다 아주 크게 떴다 하면 아이는 까르르 웃는다. 반응이 시들해지면, 입을 뚫어서 '메롱, 혀말기, 뱀처럼 낼름낼름 혀 내밀기'를 하면서 놀면 또 한 번 신나게 시간이 흘러간다. 이렇게 한바탕 놀고 나면 아이에게 과자 먹을 시간을 주고, 또 좀 심심해하는 것 같으면 다시 뻥튀기로 장난치기를 반복한다.

② 그림 그리기

딸은 그림 그리는 것을 좋아해서 스케치북과 펜을 준비해 가면 얌전하다. 얼마 전에는 기차를 두 시간 동안 타야 해서 지루해하면 도구를 바꿔주려고 사인펜, 크레파스, 볼펜 이렇게 종류별로 가지고 갔다. 아들은 그림을 오래 그리지 않으므로 도장도 가져가서 스케치북에 찍게 하면 더 잘 있을 수 있다.

대구에서 서울로 가는 기차 안에서 그림을 그리는 아이들

③ 책

책에 재미를 느끼는 아이라면 대중교통 이용 시 책을 챙겨 가면 좋다. 사람이 많이 타는 곳이라 시끄럽게 하지 않기 위해서 스마트폰을 준다고 많이 말하는데, 스마트폰 이용 시 아이들 귀에 이어폰을 끼우는가? 난 한 번도 어린아이가 스마트폰을 사용하면서 이어폰을 꽂고 있는 것을 본 적이 없다. 아이에게 책 읽어 주는 소리가 스마트폰 사용소리보다 훨씬 작다. 아이를 무릎에 앉혀놓으면 아이 귀와 내 입 사이의 거리가 굉장히 가까워진다. 조곤조곤 조용히 읽어도 잘 들린다. 책의 유일한 단점은 가지고 다니기 무겁다는 것이다.

\# 비행기에 있는 여행 잡지를 읽고 있는 지성이

④ **안내방송 따라 하기**

　지하철을 타면 2~3분 간격으로 "다음 역은 ○○역입니다"라는 안내방송이 나온다. 말하는 것에 흥미를 느끼기 시작한 어린아이라면 이 말을 따라 하는 것만으로도 즐거워한다. 자기도 따라 말하고 싶기 때문에 반복해도 지루해하지 않고 좋아한다. 말을 잘하는 아이라면 안내방송 멘트를 코믹버전으로 해라. 사투리를 쓴다거나 다음 역은 '방구역입니다'라는 식으로 아이가 좋아할 만한 단어를 집어넣는 것이다. 생각보다 효과가 좋아서 나는 아들과 함께 지하철을 타면 아들만의 개그맨이 된다. "이번 역은 못생긴 아이들 내리는 역입니다"라고 말하고 내리라고 하면 웃으면서 안 내릴 거라고 한다. 요즘 가장 아이에게 반응이 좋았던 멘트는 바로 이거다. "이번 역은 귀신이 나타나는 역입니다. 귀신을 만나고 싶은 어린이는 내리시기 바랍니다."

셋째, 전자파를 최소화하는 행동

아이를 위해 위의 두 가지를 다 지켰는데도 만약 아이가 어지럽다고 하거나, 두통을 호소한다면 아래 네 가지 사항을 실천하여 전자파를 최소화해 보자.

> ▷ 집의 와이파이 공유기를 끈다. 필요할 때만 켜서 사용한다.
> ▷ 아이가 잘 때 전기장판을 사용한다면 자기 전에 미리 예열하여 사용하고, 잘 때는 끄고 콘센트도 되도록 뽑고 잔다.
> ▷ 드라이기는 휴대폰 다음으로 두뇌 가까이 사용하는 제품이다. 사용을 되도록 줄인다. 어쩔 수 없이 사용해야 한다면 시간이 걸리더라도 일정 간격을 유지한다.
> ▷ 아이를 위해 프린터기를 이용해 무엇인가를 출력해 준다면, 작동 중인 프린터기는 많은 전자파를 발생시키므로 아이를 최대한 멀리 있게 한다.

나는 우리 아이들이 두통을 호소하지는 않지만, 전기 제품을 사용하지 않을 때에는 전원을 꺼서 전자파에 최대한 노출시키지 않으려 노력한다. 공유기를 껐다 켤 정도로 열성적이지는 않지만 드라이 사용을 자제하고, 콘센트 전원을 필요한 것만 켜서 사용함으로써 아이들이 전자파에 되도록 노출되지 않도록 하고 있다. 아이가 아프지 않고, 건강하게 크는 것은 나의 가장 큰 바람이다.

key point!

* 아이들의 두뇌는 성인의 두뇌보다 훨씬 말랑하고 작아서 스마트폰의 전자파 영향이 더욱 클 수밖에 없다. 전자파의 해로움을 인지하고 아이들이 전자파가 나오는 스마트폰을 사용하지 않게 조심하자. 아이들의 스마트폰 사용 시기를 최대한 늦추자.

* 엘리베이터와 같이 밀폐된 공간이나 지하철같이 움직이는 공간에서는 가급적 휴대폰을 사용하지 않는 것이 좋다. 그런 곳에서 스마트폰은 잘 잡히지 않는 신호를 잡아내기 위해 평상시보다 출력을 강하게 내기 때문이다. 아이들이 엘리베이터, 지하철에서 스마트폰을 사용하지 않도록 노력하자.

* 집에서도 전자파를 최소화하기 위해 작은 규칙을 만들어서 지키자. 아이에게 드라이기 사용을 자제하고, 안 쓰는 코드는 뽑거나 전원을 끄는 습관을 들이자.

Chapter 4
길에서도 스마트폰만 보며 걷는 아이

스마트폰을 보며 운전하는 어린이 보호구역

어린이 보호구역(스쿨존)은 시속 30km 이내로만 달려야 한다. 우리 동네 유치원 앞에는 아주 커다란 어린이 보호구역 표지판이 설치되어 있는데 차가 30km 이상으로 달리면 시속을 나타내는 숫자와 함께 LED 표지판에 화내는 얼굴이 나타나고, 차가 30km 이하로 달리면 웃는 얼굴이 나타난다. 이 표지판은 숫자와 다양한 얼굴표정에 관심 많은 우리 아들이 가장 좋아하는 장소여서 하루에도 몇 번씩 표지판을 관찰하는데, 대부분의 차는 30km 이상으로 쌩쌩 달린다. 가끔 30km 이하로 달려서 웃는 얼굴이 나오면 나와 아들은 신나서 '웃는 얼굴~!' 하고 소리 지르며 기뻐하지만, 자세히 보면 운전자가 스마트폰을 하느라 천천히 지나가는 경우가 많다. 물론 순진무구한 아들에게는 이런 사실을 절대 알려 주지 않는다. 차가 천천히 간다고 좋아하는 아이에게 '저 운전자는 스마트폰을 하느라 정신이 팔려서 천천히 달리는 거야'라고 말할 용기가 차마 나지 않는다. 어린이 보호구역에서도 스마트폰을 보면서 운전을 하는데, 일반 도로에서의 상황은 어떠할까? 여기에 우리 아이들까지 보행 중에 스마트폰을 보고 있다면?

실제 2017년도 한국생활안전연합이 542개 초등학교 학생을 대상으로 한 조사를 보면 24.3%의 어린이가 보행 중에 스마트폰을 사용한다고 답하였다. 2015년 약 1만 2,000건의 어린이 교통사고가 발생하였으며, 어린이 교통사고는 어린이가 보행 중에 자동차에 치여 발생하는 형태가 가장 많았다. 스마트폰을 조작하며 운전하는 어른과, 보행하면서 스마트폰을 조작하는 어린이가 만난다면 어떤 일이 벌어질까? 이런 질문에 대한 답은 사고의 결과들이 알려 준다. 그렇다. 한마디로 끔찍하다.

스마트폰 사용으로 증가하는 어린이 사고

스마트폰 사용 원인 보행자 교통사고는 2009년 437건에서 2014년 1,111건으로 5년 사이 2.5배 가까이 증가하였다. 지난 6년간 보행자 교통사고 건수를 보면 거의 변화가 없는데, 보행자 스마트폰 관련 사고는 3.1배 늘어났다. 그리고 더 슬픈 소식은 전체 사망자 수는 매년 감소하고 있는데 어린이 사망자만 9% 이상 증가하였다는 사실이다.

2013년부터 2015년까지 국내 교통사고 사망자를 분석해 봤더니 전체 교통사고 사망자의 절반 이상이 보행자인 것으로 나타났다. 승차자보다 높은 비율이다.

매년 스마트폰 때문에 사망하는 어린이의 비율이 증가하고 있다. 어린이 사고의 50% 이상이 보행 중 교통사고이며, 보행 중 스마트폰을 비롯한 전자 기기 사용이 큰 이유라 하니 아이들에게 스마트폰의 위험성에 대해서 충분히 인지시킬 필요가 있다. 아이를 키우는 부모라면 보행 중 스마트폰 사용의 위험성에 대해 더욱 유념해야 한다.

미국에서는 11살 어린이 보행자의 사고율이 10살 어린이보다 3배나 높다. 10살에서 11살이 되면서 인지력이 떨어지는 것도 아니고, 운동능력이 상실되는 것도 아닌데 왜 이런 일이 일어나는 것일까? 답은 스마트폰에 있다. 미국에서 생애 처음으로 스마트폰을 손에 넣는 시기가 평균 11살이라고 한다. 그래서 이 나이에 스마트폰으로 메시지를 더 많이 보내고 폰에 집중하게 되면서 학교를 오가면서 사고에 더 많이 노출이 된다고 한다. 그야말로 무서운 스마트폰의 위력이다.

중국에서는 10대 소년이 스마트폰을 보면서 공원을 걷고 있었는데, 스마트폰에 열중한 나머지 공원에 있는 호수를 보지 못하고 그대로 걸어가다가 호수에 빠져 버렸다. 지나가는 사람이 없는 밤 시간대여서 주위의 도움을 받지 못한 소년은 호수에 빠져서 나오지 못하고 목숨을 잃었다.

미국에서는 15살 소녀가 걸어가다가 기차에 치여서 그 자리에서 목숨을 잃었다. 소녀가 넘어진 자리 바로 옆에는 소녀가 사용하고 있던 스마트폰과 이어폰이 있었다. 스마트폰에 푹 빠져서 눈앞에 있는 시끄러운 기차소리를 듣지 못한 것이다. 스마트폰으로 어이없이 목숨을 잃는 10

대들이 갈수록 늘어나고 있다. 10대들의 스마트폰 관련 사고 소식으로 이 책을 다 채울 수 있을 정도로 국내는 물론 전 세계에서 이런 슬픈 일들이 계속 벌어지고 있다.

스마트폰으로 인하여 떨어지는 반응속도

스마트폰을 사용하며 횡단보도를 건너는 사람의 평균 보행속도는 그렇지 않은 보행자보다 느리다. 반응 속도가 느리다는 것은 돌발 상황이 생겼을 때 그 상황을 피하기 어렵다는 뜻이다. 미국 학술지 〈플로스 원〉에 발표된 영국 연구진의 실험에서도 스마트폰을 보면서 도로를 걷게 되면 스마트폰을 사용하지 않을 때보다 2배 가까이 느리게 걸으며, 장애물이 있는 도로라면 걷는 속도가 3배까지 느려지는 것을 보여 주었다. 그러니 스마트폰을 보면서 걷고 있으면 위험한 상황에 재빨리 대처하지 못하고 사고를 당할 확률이 커지는 것이다.

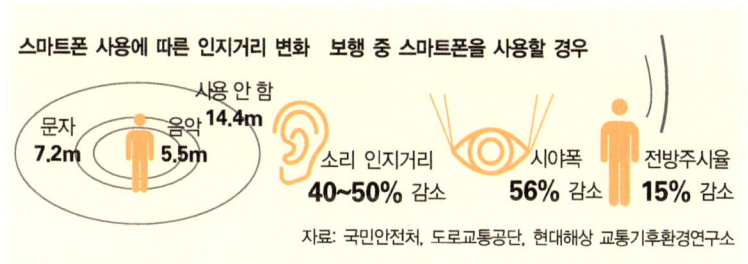

또한 위의 그림에서 보는 바와 같이 스마트폰을 사용하면서 길을 걷게 되면, 주위의 소리를 인지할 수 있는 거리는 절반으로 떨어진다. 시야 폭도 반 넘게 감소하여 훨씬 더 좁은 범위를 보게 된다. 자동차의 경적소리, 자전거의 벨소리, 오토바이의 엔진소리 등을 잘 듣지 못하므로 사고를 피할 수 없고 정중앙이 아닌 양쪽 옆에서 사물이나 사람이 올 경우 인지하기 어렵게 되는 것이다. 한 마디로 위험물로부터 몸을 피하지 못하여 사고를 당할 확률이 훨씬 높아진다.

또한, 교통안전공단이 보행 중 스마트폰 사용이 얼마나 위험한지 확인하려고 자전거 경음기(77dB)를 이용한 인지거리 실험을 실시한 결과, 보행자가 스마트폰을 사용하지 않은 상태에서 소리를 듣고 인지하는 거리는 통상 14.4m인 데 반해 스마트폰으로 문자를 할 때는 7.2m, 음악감상을 할 때는 5.5m로 소리를 인지하는 거리가 줄어들었다. 우리는 몸의 모든 기관을 사용하여 사고를 피한다. 소리를 듣고 피하기도 하고, 눈으로 보고 피하기도 하고, 본능적으로 몸을 움직여서 피한다. 그런데 스마트폰을 보고 있으면 이런 기관들의 움직임이 반 이상 더뎌지는 것이다.

더군다나 어린아이들의 경우 인지능력이 아직 발달하지 않아서 내가 운전자를 볼 수 있으면 운전자도 나를 볼 수 있을 거라 생각하며, 큰 차는 작은 차보다 더 빠르다고 생각한단다. 아무것도 하지 않아도 이런 인지능력만으로도 아이들은 사고에 취약한 존재인데, 스마트폰까지 사용하면 인지능력이 어떻게 될지는 상상에 맡기겠다. 우리 자녀들이 사고를 당하지 않고 자라나는 것은 나의 목숨만큼이나 아니 나에게는 나의 목숨보다 더 중요한 일이다. 보행하면서 스마트폰을 하지 않도록 가정에서부터 철저한 교육을 해야 한다. 스마트폰을 보며 걷는 것은 목숨을 내놓고 걷는 것과 마찬가지라는 것을 아이에게 인지시키자.

보행 중 스마트폰 사용하면 벌금

미국 여행을 계획 중이라면 지금부터 소개하는 법을 잘 기억해야 한다. 멀리 여행가서 스마트폰을 한국에서 하는 것처럼 사용하다가는 벌금만 잔뜩 내고 올 수 있기 때문이다.

미국 뉴저지주의 램피트 하원의원은 최근 도로를 걸으면서 스마트폰을 사용하거나, 자전거를 탄 상태에서 스마트폰을 사용하면 처벌을 할 수 있는 법안을 제출한 상태이다. 이 법안이 통과되면 보행 중 스마트폰을 사용하는 사람에게 최대 50달러의 벌금을 물리거나 15일간 구금시킬 수 있다. 보행자에게 이런 법을 적용하는 것은 매우 이례적인 일이다. 뉴저지에 갈 일이 있다면 이 법의 통과 여부를 꼭 확인해 보고 가라.

　미국 하와이 주 호놀룰루에서는 2017년 10월부터 횡단보도를 건너면서 스마트폰을 비롯한 전자기기를 보면 벌금을 내야 한다. 이 법안은 이미 통과된 것으로 '전자기기 보행자 안전 법안'이라 부르는데 재미있는 사실은 적발되는 횟수에 따라 벌금이 상이하다는 것이다. 처음 적발되면 15~35달러의 벌금을 내지만, 두 번째 적발되면 75~99달러로 벌금이 급격하게 높아진다. 더 높은 벌금은 따로 있는데 '전자기기를 보면서 동시에 무단횡단을 하는 경우'이다. 이때는 무려 우리나라 돈으로 10만 원이 훌쩍 넘는 130달러를 내야 한다. 이 법은 호놀룰루에서 10대들의 보행사고가 늘어나는 것에 대한 대안으로 마련되었다고 한다. 이 법안에 대한 의견은 제각각이지만, 이 법안의 발효로 10대들이 보다 사고에 안전한 상태로 살아갈 수 있기를 희망한다.

아이들 생명을 지키는 無 스마트폰 운전

　연예인들의 음주운전 기사가 하루가 멀다 하고 뜬다. 술을 마시고 운전을 한 그들의 행위를 엄청나게 비난하는 여론 때문에 해당 연예인들은 음주운전 적발 후 몇 년 동안 활동을 쉬기도 하고, 연예계에서 영원히 발을 떼기도 한다. 이렇게 누군가 음주운전을 하다가 적발되면 사람들은 미쳤다면서 욕을 하지만, 스마트폰을 하다가 적발되었다고 하면 운이 나빴다라고 이야기한다. '○○연예인 스마트폰 하다가 적발'이라는 것은 기사화되지도 않는다. 아무리 찾아도 이런 기사는 찾아볼 수가 없다. 그만큼 사람들이 '운전 중 스마트폰을 하는 것'은 대수롭지 않게 여기고 있다는 것이다. 많은 연구결과가 스마트폰 사용이 음주운전과 비슷한 정도의 인지기능을 저하시킨다고 보여 주고 있지만 2015년 국민교통안전의식 조사를 보아도 90% 이상이 운전 중 스마트폰을 사용한다고 답했으니, 사람들은 아직도 운전 중 스마트폰 사용을 전혀 심각하게 생각하고 있지 않다.

운전 중 스마트폰 사용에 대한 인식개선이 어렵다고 판단한 미국은 강력한 법 제재와 함께 '드라이버 모드'를 권고하고 있다. 항공기 운행 시 전파 방해를 막아 항공 사고를 방지하기 위해 스마트폰에 탑재돼 있는 '비행기 모드'처럼 운전 중에도 일부 스마트폰 기능을 제한하는 '드라이버 모드' 개발에 대한 필요성을 강조하고 있는 것이다. 실제로 미국 도로교통안전국은 지난해 11월 스마트폰 제조업체들에게 운전 중 스마트폰을 이용하면서 발생하는 사고를 예방하기 위해 '드라이버 모드'를 개발하라는 가이드라인을 주었다.

얼마 전에는 미국의 모디셋 부부가 스마트폰 제작회사 애플을 상대로 안전기능을 아이폰에 탑재하지 않았다는 내용으로 소송을 제기하였다. 그들에게는 5살 된 딸 모리아가 있었는데 아이폰으로 영상통화를 하던 운전자가 딸을 쳐서 사망에 이르게 하였다. 이에 화가 난 부부는 애플이 이미 특허를 획득한 안전기능을 아이폰에 탑재하였다면 운전 중 운전자는 영상통화를 할 수 없었을 것이고, 사고도 나지 않아 딸은 죽지 않았을 것이라고 주장한 것이다. 애플은 부부의 제소 뒤 6개월 만에 운전 중 방해금지 모드를 도입하기로 하였고, 자신의 기술이 운전자의 주의력을 빼앗고, 사고로 이어질 수 있다는 점을 인정한다며 ios11부터는 운전 중 방해금지 모드를 탑재할 계획이라고 하였다.

그래서 2017년 가을에 출시된 아이폰부터 '운전 중 방해 금지 모드'가 탑재되어 있다. 사용자가 운전을 하면 자동으로 이를 감지, 전화나 문자 메시지, 알림을 차단하는 기능이다. 화면은 어두운 상태로 유지되는데 만약 누군가에게 연락이 오면 사용자가 운전 중이라는 메시지를 자동으로 전송한다.

미국에서는 운전 중 스마트폰 조작으로 매일 8명이 사망하고 있다. 하루빨리 이런 모드가 의무화되어서, 스마트폰으로 목숨을 잃는 이가 더 이상 발생하지 않기를 바란다. 우리나라도 스마트폰으로 많은 사람들이 다치고 목숨을 잃는 일이 발생하고 있다. 총보다 작은 스마트폰이 총보다 더 무서운 존재가 되어가고 있다. 국내 스마트폰에도 하루빨리 드라이버 모드가 도입되어야 할 것이다.

기술의 발전도 수익창출도 중요하지만 '사람을 위한 기술'이 먼저임을 많은 이들이 가슴에 새기기를 바란다. 기술적 안전장치와 함께 '운전을 하는 동안 내가 스마트폰을 사용하면 나의 아이들과 같은 연약한 존재가 크게 다칠 수 있다'는 사실을 인지하여, 스스로 운전 중 스마트폰을 사용하지 않도록 노력하는 어른이 되기를 바란다. 스마트폰 없이 아이를 보면 아이가 더 예뻐 보이는 마법은 운전에도 적용이 된다. 운전 중 스마트폰을 가방 속에 쏙 집어넣고 오롯이 운전에만 집중하면 운전도 더 즐거워진다.

Smart Solution - 이렇게 해보세요!

　스마트폰이 없었을 때 우리의 모습을 생각해 봐라. 주변의 사물을 두리번 두리번 관찰하면서 목적지를 향해 걸었다. 흥미를 끄는 것이 있으면 잠시 멈추어 서서 물끄러미 바라보다가 다시 갈 길을 재촉하곤 했다. 그런데 요즘은 시선이 손 안에 있는 스마트폰에 고정이 된 채 기계적으로 다리를 움직여서 내가 가는 길이 어떻게 변화했는지 알아차리지 못하고 간다. 주변에 대한 관심이 자연스레 떨어질 수밖에 없고, 그만큼 나의 일상에 대한 행복감은 떨어지기 마련이다. 내가 걷는 길을 자꾸 쳐다보아야 관심과 사랑이 샘솟고, 내 삶도 사랑으로 가득 찰 수 있는데 오직 스마트폰만 바라보다 보니 스마트폰 속 사람들의 인생은 즐거워 보이고, 스마트폰을 보는 내 인생은 재미없게 느껴진다. 보행할 때, 운전할 때 스마트폰으로부터 자유로워질 수 있는 방법은 없을까?

첫째, 보행 시에는 스마트폰이 아닌 주위를 둘러보며 걷기

　지금 당장 스마트폰이 아닌 나의 주위를 둘러보아라. 주변 환경의 아름다움을 느끼면서 천천히 걸어라. 스마트폰만 보면서 걷는 것에 익숙하다면 어린아이들과 함께 천천히 걸어보아라. 어린아이들은 10m 직진하는 데 10분이 넘게 걸리곤 한다. 순수한 호기심으로 주위환경을 대하기 때문이다. 낙엽도 만지고, 나뭇가지도 줍고, 돌멩이도 만지고, 꽃도 살펴보느라 한 걸음 한 걸음이 매우 분주하다. 아이처럼 관심을 가지고 주변을 둘러보면 변화가 보이고, 그 생명력이 나에게 고스란히 전해진다. 이런 자연의 신비로움, 경이로움을 느끼며 살아가자. 스마트폰을 바라보지 않으면 나의 하루는 생동감이 넘치는 활기찬 하루가 될 것이다.

아이들에게도 스마트폰을 사용하지 않고 보행하는 습관을 길러주자. 스마트폰을 사용하면서 걷던 아이들이 하루아침에 스마트폰 없이 거리를 걷는 것은 결코 쉬운 일이 아니다. 그러므로 아이들에게 스마트폰이 아닌 보행 중에 할 수 있는 다른 즐거운 일을 자연스럽게 알게 해야 한다. 예를 들어, 친구와 함께 등교를 할 수 있도록 하여서 즐거운 대화와 함께 학교를 가게 한다든가, 걸음걸이에 숫자를 붙여서 걷는 놀이를 하는 것이다.

만약 이것이 어려운 상황이라면 스마트폰을 연결한 음악듣기가 아닌 MP3와 같이 음악기능만 되는 기기를 사용하여서 음악을 들으면서 학교에 가게 하는 것이다. 음악을 들으면서 보행하는 것도 전문가들이 권하는 사항은 아니지만 그래도 스마트폰 화면을 보면서 음악을 함께 듣는 행위보다는 단순히 음악만 듣는 편이 훨씬 안전하다. 이 기회를 통해서 아이에게 다양한 음악을 들려주어서 자신이 좋아하는 음악을 발견하게 하는 것도 아이의 정서발달에 좋을 것이다. 이런 과정을 부모가 함께 즐겁게 참여하자.

둘째, 부모부터 운전 중 스마트폰 사용 자제하기

아이에게 보행 중 스마트폰 사용을 자제하도록 지도한 것과 같이 부모는 운전 중 스마트폰 사용을 자제해야 한다. 우리 인생에 굉장히 위급한 상황은 그렇게 자주 찾아오지 않는다. 정말 긴급한 상황에서는 스마트폰으로 통화를 할 수도 있고, 스마트폰으로 인터넷 뉴스를 확인할 수도 있지만 대부분은 그런 상황이 아니다. 운전 중에 스마트폰을 이용해서 내가 하려는 통화가, 내가 확인하려는 뉴스가 정말 중요한 것인지 정말 지금 꼭 확인해야 하는 긴급한 것인지 한 번만 더 생각해 보고 행동하자. 한 번만 더 생각해 보아도 '지금 당장 확인해야 하는 것'은 그렇게 많지 않다.

사고라는 것은 한순간이다. 스마트폰 사용으로 0.1초만 반응속도가 늦어져도 발생할 수 있는 것이 사고이다. 운전을 할 때에는 운전에만 집중하여서 본래 운전의 목적인 '안전하게 목적지에 가는 것'을 달성하는 데에만 집중하자. 부모의 습관은 자연스레 아이에게도 옮겨간다. 아이에게 운전 중에는 스마트폰을 사용하지 않는 올바른 본보기를 보이자.

key point!

* 아이들에게 스마트폰이 아닌 보행 중 할 수 있는 다른 즐거운 일을 자연스럽게 알게 하자. 우리가 하는 행동을 곧잘 따라 하는 아이들의 특성을 생각하면, 내가 먼저 즐겁게 스마트폰 없이 노래를 부른다거나, 걸음걸이에 번호를 붙이는 등 즐겁게 보행하는 모범을 보여 주는 것이 가장 바람직하다.

* 운전 중 스마트폰 사용을 자제하자. 운전 중에 내가 하려는 통화가, 내가 확인하려는 뉴스가 정말 중요한 것인지, 정말 긴급한 것인지 한 번만 더 생각해 보자. 아이들이 스마트폰을 사용하는 우리의 모습을 보고 그 행동을 고스란히 따라 하게 된다는 사실도 기억하자.

Bonus Chapter

밖에서 아이들과 스마트폰 없이 즐겁게 노는 법

1. 오픈 주방이 있는 곳으로 가기

아이를 낳고 가장 먼저 외출하는 곳은 아마 식당일 것이다. 식당을 고를 때는 내가 먹고 싶은 음식도 중요하지만 아이가 있기 좋은 곳을 선택해야 부모도 맛있게 먹을 수 있다.

아이들이 외식할 때 가장 힘들어하는 시간은 음식을 주문하고 기다리는 시간이다. 아들은 주문을 받고 직원이 사라지기가 무섭게 "음식 언제 나와요?"라고 한다. 어른이나 아이나 맛있는 음식을 기다리는 일은 쉬운 일이 아니다. 이럴 때 내가 자주 써먹는 것 중의 하나는 식당이 오픈 주방이라면 요리하는 모습을 직접 보러 가는 것이다.

블로그나 잡지에 소개된 레스토랑과 카페가 오픈주방이면 무조건 메모를 해두었다가 기회가 될 때 아이들과 함께 방문한다. 오픈 주방은 아이들에게 새로운 경험을 주고, 음식을 기다리는 시간을 환상적인 시간으로 만들어 주기 때문이다. 프레즐 가게도 오픈주방으로 프레즐 반죽을 하고 오븐에 집어넣고 꺼내는 것을 볼 수 있어서 즐겁게 시간을 보낼 수 있어 좋다. 단, 음료와 프레즐은 최대한 설탕이 많이 들어가지 않은 것으로 고르자.

2. 아이와 함께라면 뷔페

아이와의 첫 외식을 도전한다면 뷔페를 추천한다. 아이가 싫증내지 않고 잘 있는 곳 중 하나가 뷔페이다. 아이가 좋아하는 음식이 두세 가지만 잘 걸려도 아이가 제법 앉아 있을 수 있기 때문이다.

그러나 솜사탕, 아이스크림처럼 몸에 좋지 않고 달달한 음식을 처음부터 아이에게 주면 안 된다. 그러면 아이는 한 시간 내내 설탕만 몸에 집어넣게 된다. 우선 건강한 음식 중에서 아이의 입맛에 맞는 것을 고르게 해야 한다. 건강한 음식을 먹고 자란 아이들이 성격도 좋고, 신체도 정신도 건강할 수밖에 없다. 나는 지금도 뷔페에 가면 디저트 코너는 아이들에게 보여 주지도 않는다. 자리도 이왕이면 디저트가 안 보이는 곳에 앉고, 음식을 가지러 갈 때에도 디저트 자리는 아예 근처에도 가지 않는다. 그런데 아무리 음식을 줘도 다 잘 먹지 않을 때에는 마지막 무기로 써도 좋다.

3. 간식거리 챙겨가기

먹성 좋은 우리 아이들이 즐겁게 머무를 수 있는 방법은 바로 먹을 것을 주는 것이다. 간식을 준비할 때 제일 중요한 포인트는 '오래 먹을 수 있는 것'이다.

① **대추 작은 1봉지:** 대추는 작지만 안에 씨가 있어서 아이들이 생각보다 오래 먹는다. 60%는 수분이고 귤보다 비타민C 성분이 10배 가까이 많은 좋은 간식이기도 하다.

외출 준비 중에 대추를 작은 봉지에 포장하는데 아이들한테 걸려서 뺏겼다.
먹지 않고 기다리라고 해서 대추를 가지고 노는 아이들

② **말린 망고**: 망고는 당분이 많은 열대 과일이라서 되도록 안 먹이고 싶은 음식이지만 아이들이 굉장히 좋아하고 하나를 가지고 오래 먹을 수 있으므로 외출 시에만 먹는 걸로! 망고는 질기기 때문에 하나를 가지고 꽤 오래 먹을 수 있다. 단, 레드망고는 물렁물렁해서 매우 빨리 먹으므로 비추천!

③ **고구마 말랭이 혹은 고구마 통째로**: 고구마는 성분도 괜찮고 맛이 있어서 아이들이 좋아하는 간식이다. 비싸다는 단점이 있지만, 밥 대신 먹어도 괜찮고 하나를 먹으면 시간이 오래 걸린다는 장점이 있어 간식으로 자주 챙긴다.

④ **견과류 작은 1봉지**: 견과류는 딱딱해서 아이들이 오래 먹을 수 있고, 무엇보다 몸에 좋은 음식이므로 마음 놓고 아이들에게 먹일 수 있는 좋은 간식이다. 브라질리언 너트와 마카다미아가 영양성분이 가장 좋은데 가격이 매우 높은 편이다. 마카다미아와 다른 견과류가 섞인 믹스 식품을 주로 아이들에게 주고 있다.

⑤ **얼굴만 한 뻥튀기**: 뻥튀기에도 당분이 적게 들어간 것을 고르는 것이 포인트. 큰 뻥튀기 한두 개만 있어도 10분은 있을 수 있다. 그것도 아주 즐겁게! 두 돌만 지나도 뻥튀기에 혀로 구멍을 뚫어서 얼굴을 만들면서 재미있게 놀면서 먹을 수 있는 좋은 간식이다.

4. 아이들과 한자리에서 노는 방법: 손가락으로 숫자세기

아이들은 시각에 가장 약하고 그 다음으로 청각에 약하다. 손가락으로 숫자를 세거나 놀면 아이의 눈과 귀가 동시에 즐겁기 때문에 잘 앉아 있다. 하나부터 열까지 손가락을 오므렸다가 다시 하나부터 열까지 세면서 손가락을 펴는 단순한 동작에도 아이들의 반응이 상당히 좋다.

① **39개월 아들**: 지성이는 영어로 일부터 열까지 세는 것도 매우 좋아한다. 알아듣든 알아듣지 못하든 일본어, 중국어로 숫자를 세도 깔깔대며 웃는다. 나는 중국어로 숫자 외에는 아는 것이 없는데, 숫자를 몇 번 셌더니 아들이 자꾸 중국어로 이야기하라고 한다. 그리고 지금 이 놀이를 하도 많이 했더니 일본어로 두 글자까지 숫자를 말할 수 있게 되었다. 너무 신기한 일이다.

② **20개월 딸**: 채윤이는 손가락을 자유롭게 구부렸다 폈다를 아직 못하기 때문에 내 손으로 딸의 손가락을 하나씩 접으면서 숫자를 세면 매우 흥미로워하며, 자신의 손가락에서 눈을 떼지 못한다. 무한반복해도 아이들은 좋아한다는 장점과 함께 엄마 아빠는 매우 지루해지기 쉽다는 단점이 있다.

5. 아이 스스로 앉아서 놀 거리 제공하기

① **39개월 아들:** 지성이는 컵과 빨대, 가위, 스카치테이프를 주면 앉아서 잘 논다. 카페나 식당에 있는 종이를 주면서 자르고 붙이기 놀이를 하면 10분 넘게 잘 있다. 컵과 빨대와 가위를 주면 자신이 컵을 요리조리 모양내 자르면서 빨대를 여기 꽂았다 저기 꽂았다 하면서 혼자 잘 논다. 그래서 나는 외출을 하면 항상 가위와 테이프를 챙겨 다닌다. 남자아이라 그런지 그림 그리기에는 큰 흥미를 느끼지 못해서 펜과 종이만 들고 갔다가는 5분 만에 집으로 돌아와야 한다. 가위와 테이프가 내가 해본 것 중에 가장 잘 먹혔다. 그리고 좋아하는 장난감이 휴대하기 어렵지 않다면 가지고 가는 것도 좋다.

\# 휴지를 돌돌 마는 것을 보여 주었더니 자기도 해보겠다고
20분 넘게 휴지를 돌돌 마는 것에 빠져 있는 채윤이

\# 친구와 카페에서 만난 날,
사인펜으로 종이에 그림을 그리는 채윤이

\# 자신이 좋아하는 장난감으로 카페에서 놀고 있는 아이들

② **20개월 딸**: 채윤이는 책을 좋아해서 작은 사이즈의 책들을 가방에 몇 권 넣어 다닌다. 그리고 자동차를 하나 주면 '붕~붕~' 소리를 내면서 잘 가지고 논다. 18개월부터는 스티커에 꽂혀서 스티커 하나만 있으면 10분 넘게 매우 즐겁게 놀 수 있게 되었다. 22개월부터는 그림 그리기를 가장 좋아해서 이제는 종이와 펜만 있으면 채윤이는 어디에서든지 좋은 시간을 보낼 수 있다.

6. 두꺼운 얼굴로 식당이나 카페 한 바퀴 돌기

아이들이 놀다가 지겨워할 때나 음식을 기다리는 시간이 길어지면 카페나 식당 내부를 한 바퀴 돈다.

① **39개월 아들**: 지성이는 넉살이 좋아서 인사를 잘 하기 때문에 지나가는 사람에게 '안녕하세요~' 인사를 하고, 요리에 관심이 많아서 주방이 보이는 곳이면(감사하게도 요즘은 오픈 주방이 많다) 요리사가 요리하는 것을 한참 지켜본다. 주방의 모습을 보기 어려울 땐, 주변 사물을 하나하나 같이 이름을 말하면서 보고 설명해 주면 몇십 분이고 시간을 보낼 수 있다.

② **20개월 딸**: 채윤이는 기저귀를 차고 걷는 모습이 굉장히 귀여워서 식당이나 카페를 지나가면 사람들이 "어머, 귀여워라" 하고 아는 체를 많이 해준다. 그렇게 예뻐해 주는 사람 중에서 상냥해 보이는 분에게 채윤이의 애교를 선보인다. '악어, 토끼, 원숭이, 돼지, 코끼리' 동물 흉내 내기 애교를 보이고 반응이 좋으면 '비행기, 꽃받침, 예쁜 짓'을 더 한다. 그리고 감사하게도 계속 반응을 보여 주면 마무리는 최강 필살기 '엉덩이 흔들기'로 마무리한다.

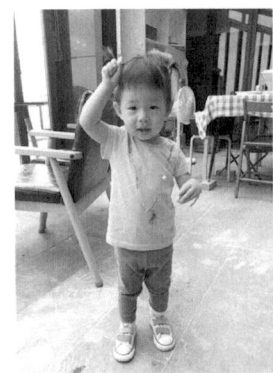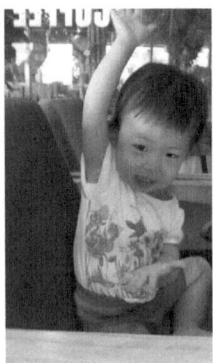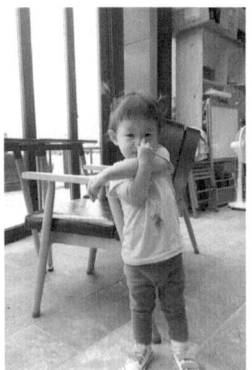

\# 카페를 한 바퀴 돌며 사람들에게 매력을 발산 중인 채윤이

그렇게 한두 분만 채윤이의 애교를 잘 받아 주어도 시간은 금방 가고 아이의 기분은 매우 업 된다. 엄마 아빠의 얼굴이 두꺼워져야 하는 단점이 있지만, 아이들이 매우 즐거워하는 활동이다.

7. 식당이나 카페에 계단이 있다면 계단 오르내리기

이유는 모르겠지만 신기하게 아이들은 모두 계단을 좋아한다. 잘 걷지 못하는 아기들은 기어서라도 계단을 올라가려고 한다. 무언가 정복하고 싶은 욕구를 불러일으키는가 보다. 계단을 오르내리는 엄마 아빠에게는 힘든 일이지만, 아이들이 좋아하니 네다섯 번 정도만 오르내려 보자. 10분 정도만 해도 아이들이 즐거워하는 모습을 볼 수 있다.

집 앞에 계단 있는 카페에서 즐거워하는 아이들

① **39개월 아들:** 누가 빨리 올라가나 시합을 하면 신나서 계단을 뛰어 올라간다. 가위바위보를 익히고 나서는 '가위바위보' 해서 이긴 사람이 한 칸 올라가는 게임도 하게 되었다. 그런데 지는 것을 매우 싫어하므로 웬만하면 이기게 해주는 어른의 센스가 필요하다.

② **20개월 딸:** 아직 올라가는 것도 내려가는 것도 서툴지만 계단만 보면 좋아서 달려간다. 아이 손이나 양팔을 잡고 같이 천천히 올라갔다 내려갔다 해보자. 생각보다 힘이 많이 들어가는데 아이가 한 계단 오르고 좋아서 웃는 얼굴을 보면 좀 덜 피곤하니 아이의 얼굴을 종종 살펴가며 계단을 오르내리길 바란다.

준비물 없이 외출한 날, 날씨가 좋아서 그림자 놀이 중

  이처럼 아이들을 가만히 앉아서 스마트폰 동영상을 보게 하는 대신, 엄마 아빠의 작은 노력으로 할 수 있는 활동들을 하게 되면 부모도 아이도 스마트폰 없이 외출을 하는 것에 익숙해진다. 그렇게 몇 개월만 스마트폰 없이 노는 습관을 들이면 그 후에는 특별한 간식이나 장난감 없이도 아이가 스스로 잘 놀게 된다. 그래서 요즘 우리 가족은 외출을 할 때에도 예전처럼 준비가방이 크지 않다. 아이들 스스로 놀 방법을 찾아서 잘 놀 수 있게 되었고, 부모인 우리도 주변 사물로 노는 방법을 체득하였기 때문이다. 날씨가 좋으면 그림자 놀이도 하고, 주문한 음식이 나오면 시장 놀이도 하고, 요리사 놀이도 하고 그때그때 상황에 맞게 놀 줄 알게 된다. 현재 스마트폰 없이 외출할 엄두를 못 낸다면 한 번 두 번

위에 소개한 7가지 방법을 토대로 노력해 보자. 그렇게 한 달 정도만 귀찮고 피곤해도 노력해 보자. 나중에는 큰 노력을 들이지 않고도 스마트폰 없이 웃으며 앉아있는 아이의 모습을 보며 더 크게 웃는 자신을 볼 수 있을 것이다.

Final Chapter

"부모가 문제이고, 부모가 답이다"

[1] 부모가 문제다
- 아이에게 필요한 것은 부모의 사랑

2~3년 전에 EBS 육아프로그램에 유치원생인 딸이 놀이터에서만 놀고 집에 들어가자고 하면 극구 거부를 해서 고민이라는 사연이 방송에 나온 적이 있었다. 제작진이 며칠 동안 그 아이의 가족을 촬영했는데, 촬영한 모습을 보니 아이가 집에 가기가 싫은 것이 당연하다는 생각이 들었다. 집에 가면 엄마가 소파에 편안하게 앉아서 스마트폰만 하고 아이랑 이야기도 안 하고, 놀아 주지 않으니 아이는 집에 가기 싫었던 것이다. 그나마 놀이터에 있을 땐 "엄마"라고 부르면 봐주기도 하고, 위험한 놀이를 하면 옆에 있어 주니까 놀이터에서만 놀고 싶어 했던 것이었다.

전문가의 솔루션은 매우 간단했다. '집에서 아이와 놀이를 하라'는 것. 그러나 엄마는 그동안 함께 놀아 주지 않는 것에 익숙해져서 어떻게 놀아야 할지 모르겠다고 고민을 털어 놓았고, 제작진은 아이와 함께 그림 그리는 것, TV를 보여 주더라도 함께 보면서 이야기를 나누는 것과 같은 정말 단순하고 쉬운 방법을 가르쳐 주었다. 아이는 엄마가 배운 것을 실천하자 신나서 엄마와 함께 노는 것에 행복을 느꼈고, 다음날 집에 들어가기 싫다는 거부반응은 바로 사라졌다. 아이들에게 필요한 것은 부모의 관심과 사랑이다. 그런데 스마트폰이 그것을 빼앗아 가고 있다.

[2] 부모가 답이다
- 부모가 스마트폰 중독에서 빠져나오기

부모가 먼저 스마트폰 중독에서 벗어나야 한다. 부모가 스마트폰에 중독되어 있다면 아이도 중독되어 있을 것이며 그 정도는 나이가 들면서 점점 심해질 것이다. 자신의 아이가 멍하니 스마트폰으로 온종일 시간을 보내면서 아무도 만나지 않고, 공부도 하지 않고, 연예인 사진과 스포츠 뉴스만 시청하는 것을 원하는 부모는 없을 것이다. 부모는 아이들의 거울이다.

MIT 뇌인지과학 연구진은 생후 13~15개월 아이들을 대상으로 인내심 실험을 하였다. 262명의 유아를 두 그룹으로 나누어 한 그룹은 부모가 아이 앞에서 2분 동안 유리병에서 고무 개구리를 여러 번 시도하여 빼내는 모습을 보여 주었고, 한 그룹은 한두 번 하다가 포기하는 모습을 보여 주었다.

그 후 아이들의 행동을 관찰하였는데, 부모가 끈기를 가지고 고무 개구리를 빼는 모습을 본 아이들은 자신들도 계속해서 개구리를 빼기 위해 노력하였다. 반면 포기하는 부모를 본 아이들은 한두 번 시도하다 부모처럼 금방 포기하는 모습을 보여 주었다. 부모의 행동이 아이의 인내심에도 이렇게 영향을 미친다는 것을 실험을 통해 밝혀 낸 것은 처음이었다.

이렇게 아이들은 부모를 보며 무섭게 모방한다. 부모가 먼저 스스로 스마트폰의 유해성을 인식하고 멀리하는 모습을 보면 아이들도 스마트폰을 멀리하는 모습을 보여 줄 것이다.

스마트폰은 세탁기처럼 특정 용도에만 사용하는 전자기기이다. 종일 끼고 사는 속옷 같은 존재가 아니라는 점을 머릿속에 집어넣자. 스마트폰은 '전화'나 '문자' 등 누군가에게 연락을 할 때 쓰는 것이라고 '용도'를 정해 놓고 사용하자. 더불어 집에서 스마트폰 안식일을 정하여서 일주일에 한 번 스마트폰을 집에서 사용하지 않을 것을 권한다. 스마트폰 안식일만큼이라도 스마트폰을 잘 보이지 않는 곳에 넣어 놓고 짬짬이 보던 스마트폰 대신 아이를 바라보고 또 바라보자.

무엇이든 자세히 그리고 오래 들여다보면 볼수록 아름답다. 당신의 아이들은 특히 그러하다. 얼굴만이 아니라 손가락 모양과 발톱, 볼에 아직 남아 있는 솜털, 말랑말랑 보들보들한 발바닥까지 자세히 관찰해 보면 예뻐 미칠 것이다. 나와 닮은 손가락 모양과 입술이 신기하면서도 예뻐서 자꾸 만지고 싶고, 아이의 웃는 얼굴이 자꾸 보고 싶어질 것이다. 스마트폰 안식일이 잘 지켜졌다면 매일 아이들의 취침 시간까지는 폰을 사용하지 않는 것으로 습관을 발전시키자. 스마트폰을 손에서 놓는 만큼 가정에는 웃음과 행복이 가득 채워질 것이다.

[3] 스마트폰보다 즐거운 부모 되기

숙박시설은 우리가 집을 떠나서 여행을 갔을 때 우리를 안전한 곳에서 쉬고 잘 수 있게 해주는 장소이다. 그런데 좋은 호텔이나 리조트를 가게 되면 쉴 수 있는 공간 외에 서비스가 추가된다. 즐겁게 놀다 가라고 야외 바비큐 시설을 제공하기도 하고, 수영장과 사우나를 만들어 놓기도 한다. 더 고급 호텔을 가게 되면 다양한 액티비티를 제공한다. 아이들이 놀 수 있는 키즈카페부터 미니동물원, 쿠킹클래스까지 놀이의 종류가 점점 많아진다.

아이들과 항상 즐겁게 노는 엄마.
이 옷은 백설공주를 사랑하는 아이들이 가장 좋아해서 여행갈 때 항상 챙긴다.

이탈리아 토스카나 발 도르차에 위치한 카스틸리온 델 보스코 리조트의 엑티비티는 그야말로 입이 쩍 벌어질 정도로 다양하다. 이 리조트는 살바토레 페라가모의 막내아들인 마시모 페라가모가 만든 최고급 숙박시설인데 아이들을 위한 쿠킹클래스, 리조트 내 보물찾기, 오일 페인팅, 활쏘기, 테니스 레슨, 천문학자와 함께 하는 별 관찰까지 무궁무진하다.

이제 나에게 스스로 질문을 던져 보자.

'내가 만약 다섯 살 꼬마아이라면, 카스틸리온 델 보스코 리조트에서 스마트폰을 보면서 방에 가만히 앉아 있겠는가, 아니면 요리도 해보고 보물찾기도 하면서 시간을 보내다가 밤이 되면 별을 보러 가겠는가?'

오해하지 마시기 바란다. 아이를 비싼 리조트에 데리고 가라는 말이 아니다. 고급리조트에서 제공하는 서비스를 줄 수 있는 즐거운 부모가 되라는 것이다. 아이와 함께 요리를 하고, 보물찾기를 하고 함께 별을 보는 일은 우리가 조금만 노력하면 충분히 할 수 있는 일이다. 아이들에게 최고의 엔터테인먼트를 제공하는 부모. 최고급 리조트에서 할 수 있는 엑티비티를 함께하는 부모. 이 얼마나 매력적인가!

아이들은 이연복 셰프 같은 전문요리사가 요리를 알려 주지 않아도 괜찮다. 아이들은 누구와 요리를 하는지는 별로 중요하지 않다. '요리' 자체가 즐거운 일이기 때문이다. 아이들이 원하는 것은 별에 대해서 잘 아는 천문학자와 함께 별을 보러 가는 것이 아니다. 별을 보는 행위 자체가 낭만적이고 즐거운 일이기 때문이다. 보물찾기를 보육교사와 안전 자격증을 취득한 사람이 진행하지 않아도 괜찮다. 부모와 함께 숨겨진 보물을 찾는 것 자체가 아이들에게는 신나는 일이다.

아이들이 스마트폰이 생각나지 않게 집을 즐거움이 가득한 공간으로 만들자. 부모가 조금만 노력하면 다양한 활동을 아이들과 함께할 수 있다. 아이를 키운 부모들이 하나같이 입을 모아 하는 말이 있다. '아이들은 생각보다 빨리 큰다고.' 지금 내 옆에 있는 소중한 아이들에게 즐거움을 선사하는 멋진 엄마 아빠가 되자! 에리히 프롬은 《사랑의 기술》에서 다음과 같이 말하였다.

> *"꽃을 사랑한다고 말하면서도*
> *꽃에 물 주는 것을 잊어버린 여자를 본다면*
> *우리는 그녀가 꽃을 사랑한다고 믿지 않을 것이다.*
> *사랑은 사랑하고 있는 자의 생명과*
> *성장에 대한 우리들의 적극적인 관심이다.*
> *이러한 적극적인 관심이 없으면 사랑도 없다."*

우리 모두는 우리 아이들을 사랑한다. 이 세상 그 무엇보다 열렬히 사랑한다. 그러니 이제 사랑하는 아이들에게 적극적인 관심을 표현하자. 손길로, 눈길로 아이들에게 사랑을 전하자. 사랑하는 아이들의 생명과 성장에 대한 적극적인 관심이 없다면 사랑도 없다는 에리히 프롬의 말을 되새기며 아이들의 성장에 힘쓰자.